JN045240

フランスの花の村を訪ねる

木 蓮（写真と文）

Villes et Villages Fleuris de France

MOKUREN

プロローグ

「Bonjour（おはよう）！」

私の一日の始まりは、夫が毎朝運んでくれるカフェオレを手に、ゆっくり窓の外を眺めること。

「なんてきれいなんだろう」

思わずそんな言葉が口をついて出てくるほど美しい朝焼けを見ることができた日は、なんだかいいことが起こりそうな予感がします。特に冬の朝は、標高650メートルの村にある私の家の窓から眼下に広がる雲海が一望でき、その神秘的な景色にしばし見とれてしまいます。

こんなふうに朝焼けを楽しむ習慣がついたのは、この地に住むように

なってからのこと。移ろいゆく朝の風景は、いち早く季節の変わり目を教えてくれます。

さて、「フランスのイメージ」というと、どんなものでしょう？エッフェル塔、シャンゼリゼ通り……この場所で暮らす以前の私は、まさにフランス＝エッフェル塔でした。特にパリに憧れていたわけではなかったものの、雑誌やテレビで見る石畳の街並みはとても魅力的に見えたものです。

そんな私が、結婚を機にフランスの小さな村に住むことになりました。「フランスに住む」といえば聞こえはいいのですが、フランスの「おへそ」の位置にあるオーヴェルニュ地方*の人口わずか２００人に満たない小さ

＊2016年より正式な行政区画は、
オーヴェルニュ・ローヌ・アルプ地方になりました。

な田舎の村。ここは中央山塊の雪解け水により良質の水が湧き出ることが有名で、日本でもおなじみのミネラルウオーター「ボルヴィック」や、フロマージュ（チーズ）の産地として知られています。

そんなオーヴェルニュに暮らして丸7年。その間、フランスのほぼ中心にあり多くの地域と接している地の利を生かして、車でいろいろな場所へ旅するようになりました。フランスにも、日本と同じように美しい四季がありま す。旅を重ねるごとに小さな村の魅力にどんどん引き込まれ、少しでも多くの方にパリ以外のフランスを知ってほしいと思うようになりました。

今や私にとって「フランスのイメージ」とは、そうして出合った四季折々の花や農作物たちが大地を染め上げる色彩そのものなのです。

どうすれば、フランスの小さな村の魅力を伝えられるのだろう——。
そこから、私の『フランス 小さな村を旅してみよう！』というブログが始まりました。すると、多くの読者の皆さんから「美しい花が咲く小さな村のことを本にしてほしい」「フランスの小さな村の暮らしが知りたい」などの声をいただくようになりました。

この本は、そんな皆さんにお届けしたい一心で書かせていただいたものです。私の住む小さな村の四季折々の暮らしを縦糸に、そして、ブログを書きながら花を求めて訪ね歩いた村々の表情を横糸にして、フランスの小さな村の魅力を紡いでいきたいと思います。

Sommaire
目次

 美しい花の町と村
Villes et Villages Fleuris

▲ フランスの最も美しい村
Les plus beaux villages de France

夏　*L'été*　093

秋 *L'automne* 165

イラスト／あべまりえ

Villes et Villages Fleuris
花の村の訪ね方

「どの花を見ると、春を感じる?」

夫や友人たちに尋ねると、いちばん多いのがスイセン。プロヴァンスだったらアーモンド、コート・ダジュールではミモザやスミレ……そして、私にとってはなんといってもコルザ（菜の花）！　この花が咲き始めるとフランスの大地は一面黄色に染まり、鳥のさえずりが高らかに響き渡ります。

フランスの田舎では、花々の美しい黄色から春が始まります。

少し暖かくなってくると、村中はあっという間に紫色に。フジの季節の始まりです。日本ではフジの花といえば藤棚のイメージですが、フランスでは、壁に絡みつかせたりトンネルを作ったりと、とても自由に楽しみます。フジはフランスの村を彩る代表的な花の一つです。

フジの花が終わると、大地はことごとく緑に変わります。風がそよぐたび、まるで歌っているかのように揺れる麦穂は、あたかも風の通り道が見えるよう。山裾からこちらに向かってスーッと流れるように風が走り渡る光景を初めて見たときは、感動のあまり時間が経つのも忘れてたたずんでいたものです。

麦畑の緑と鮮やかな競演を見せてくれるのは、初夏を告げる真っ赤なコクリコ（ヒナゲシ）。フランス国旗の赤の象徴ともいわれますが、近年、収穫する麦の中に入ってしまったり、ほかにもさまざまな問題があるらしく、このあたりでは年々規模が小さくなっているようにも見えますが、まだまだ真っ赤な大地は健在です。

コクリコといえば、思い出すのは歌人・与謝野晶子の「ああ皐月 仏蘭西の野は 火の色す 君も雛罌粟（コクリコ） われも雛罌粟」。この花の目に染みるような赤を見るにつけ、夫の鉄幹を追ってはるかフランスにたどり着いた彼女の激しい思いを感じずにはいられません。

そして、私の好きなクロード・モネが描いた『アルジャントゥイユのひなげし』という作品も印象的です。この絵を見てから、私はずっといつかこの目でヒナゲシの大地を見てみたいと思っていました。


ある日、夫とドライブ中に窓の外を眺めると、ふと目の中に真っ赤な大地が飛び込んできました。

「ねぇ、どうしてあの場所は真っ赤なの？」。すると「あぁ、あれはコクリコ畑だよ」と答えが返ってきたではありませんか！　その場所に連れていってもらうと……緑の麦畑の横に、一面のコクリコが風

に揺れていました。あの風景を目の当たりにした感動は、今でもよく覚えています。

フランスの夏を彩る花といえば、ラベンダーも忘れてはなりません。プロヴァンスを代表するこの花は、女性に大人気。日本では考えられないほど大規模なラベンダー畑が、地平線まで延びるかのようにどこまでも続きます。


やがて夏の風物詩であるヒマワリが丘全体を埋め尽くすと、間もなく季節は短い秋へ。春に紫の花を楽しませてくれたフジも美しい黄色に葉を色づかせ、ブドウの葉やツタの紅葉が始まります。

ほどなくして雪がちらつき、真っ白な冬へ。

こんなふうに、フランスは季節によってさまざまな「色」を楽しむことができます。

フランスの花めぐりの醍醐味は、大地にあり――。

フランスでは、ぜひ小さな村の大地の色をゆっくり楽しむことをおすすめします。

それはきっと、雄大な自然の美しさとともに、どこか懐かしい日本の原風景を思い起こさせてくれる旅になることでしょう。

1 シャルロー (Charroux)
2 ボルム・レ・ミモザ (Bormes les Mimosas)
3 トゥレット・シュル・ルー (Tourrete sur Loup)
4 モンペルー (Montpeyroux)
5 コンク (Conques)
6 ジェルブロワ (Gerberoy)
7 ジヴェルニー (Giverny)
8 ベルカステル (Belcastel)
9 エズ (Èze)
10 ソー (Sault)
11 ムスティエ・サント・マリー (Moustiers-Sainte-Marie)
12 イヴォワール (Yvoire)
13 ヴィルフランシュ・シュル・メール (Villefranche-sur-Mer)
14 カーニュ・シュル・メール (Cagnes-sur-Mer)
15 サン・ポール・ド・ヴァンス (Saint-Paul de Vence)
16 シャモニー・モン・ブラン (Chamonix Mont Blanc)
17 ベナック・エ・カズナック (Beynac-et-Cazenac)
18 カステルノー・ラ・シャペル (Castelnaud-la-Chapelle)
19 ラ・ロック・ガジャック (La Roque-Gageac)
20 ドンム (Domme)
21 アヌシー (Annecy)
22 ブド (Boudes)
23 サン・シル・ラポピー (Saint-Cirq-Lapopie)
24 ラヴォデュー (Lavaudieu)
25 サレール (Salers)
26 サルラ・ラ・カネダ (Sarlat-la-Canéda)
27 オーヴェルニュ (Auvergne)
28 リクヴィール (Riquewihr)
29 ウソン (Usson)
30 私の村 (Mon Village)

本書で紹介している
フランスの花の村

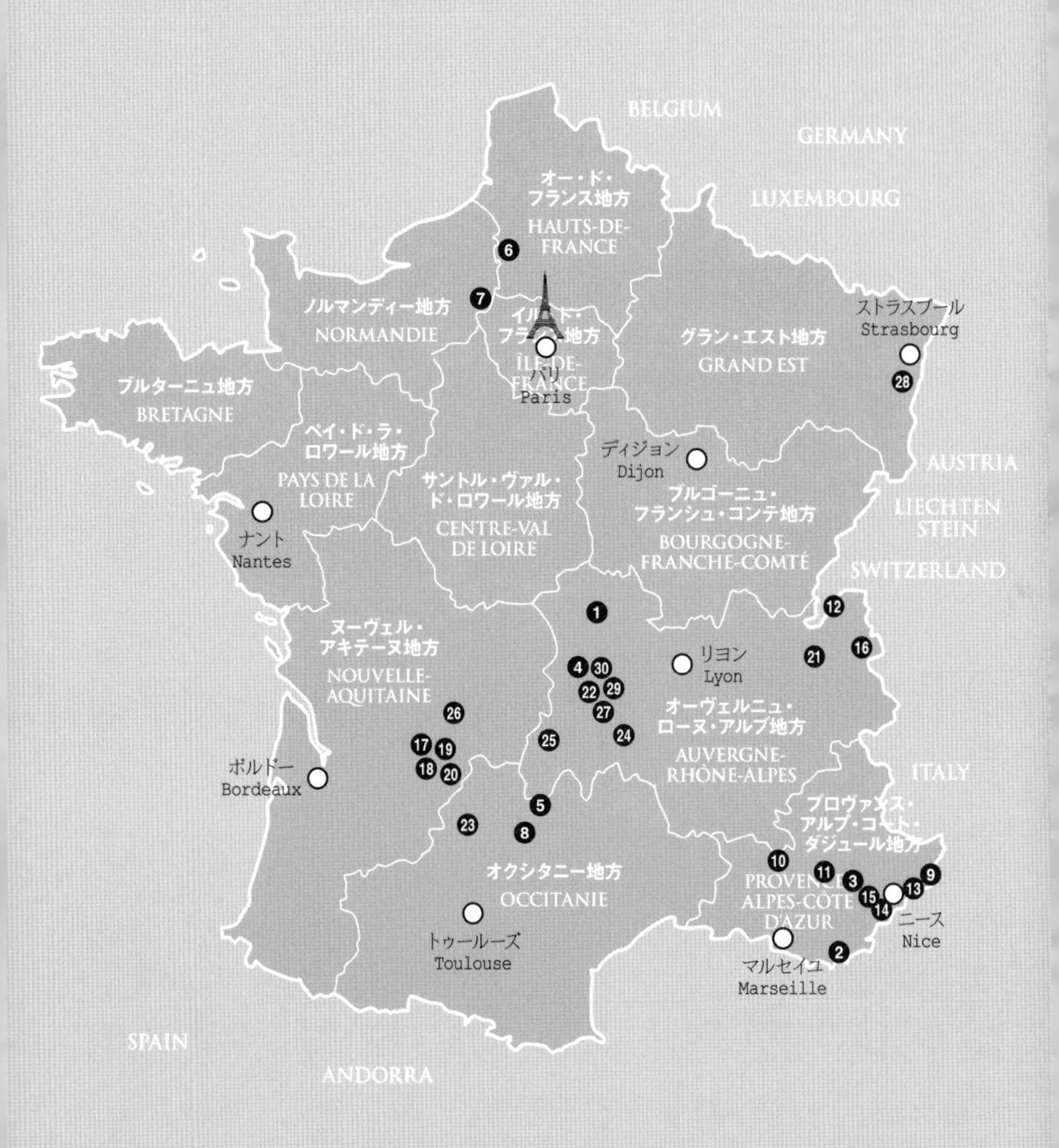

※地図上の地方名は 2016 年再編後の正式名称です。本書では該当する地域を表す際に正式名称ではなく、慣用的な名称を用いています。

フランスの花の村を訪ねるときに一つの指針となるのが、「美しい花の町と村（Villes et Village Fleuris）」の認定です。

美しい花の町と村
Villes et Village Fleuris

1972年に「フランス全国花委員会（Comite national pour le fleurissement de la France）」が創設され、花と緑を生かしたまちづくりに優れた取り組みをしているコミューン（地方自治体）を顕彰する「花の町と村コンクール」を主催。優秀と評価されると、4つ花から1つ花までの段階を示すプレートが授与されます。村や町の名を記した看板の下に、レストランを星で評価するよう花のラベルが表記され、数が多いほど花にあふれたコミューンであることを意味しています。評価は3年ごとに見直され、質が落ちていれば格下げされたり取り消されたりする場合もあります。

また、下記の厳格な基準に基づいて認定される「フランスの最も美しい村」も、人気を集めています。

フランスの最も美しい村
Les plus beaux villages de France

1982年にコロンジュ・ラ・ルージュで設立された協会。主な選定基準は以下のとおり。
- 農村部分がどれくらいの規模であるか実証し、人口が最大2000人までであること。
- 少なくとも2つの歴史的建造物、またはそれに準じる自然等の保護地区を保有していること。
- 村およびコミューン（地方自治体）議会の承認を得ていること。

本書では、「美しい花の町と村」に認定されている村をはじめ、個性的な魅力あふれるフランスの花の村を紹介しています。上述の各団体に認定されている村は、目次と紹介の冒頭に記載しています。
※2017年6月現在の資料による

Le printemps

春

【菜の花】シャルロー (Charroux)
【ミモザ】ボルム・レ・ミモザ (Bormes les Mimosas)
【スミレ】トゥレットゥ・シュル・ルー (Tourrete sur Loup)
【フジ】モンペルー (Montpeyroux) ／ コンク (Conques)
【バラ】ジェルブロワ (Gerberoy) ／ ジヴェルニー (Giverny)
【リラ】ベルカステル (Belcastel)

今年も、川岸が白くなってきた——。

オーヴェルニュの男たちは、真っ白なスノードロップの花が咲きだすとソワソワし始めます。それは、「春が来る」という自然からのサインであり、庭仕事に精を出す時期の到来を告げるものでもあるからです。

「今朝、川辺を見たらまるで雪が降ったみたいだよ。そろそろ見に行く？」

そう夫に声をかけられると、出かけないわけにはいきません。

この花が一斉に咲き始めると、オーヴェルニュの大地は真っ白に染まります。その可憐（かれん）な姿がなんともかわいらしく、ブーケを作って部屋に飾ろうとしたら、夫から怒られました。

「この花は、自然の中で咲くからこそ美しいんだよ。毎年必ずこの場所で咲くのだから、好きなだけここに来て楽しみなさい」

この言葉にハッとした私。野の花は自然の中に咲くからこそ美しいのだと、あらためて気づかされました。


今や、私にとっても川岸を染める雪の花を待つことは早春の楽しみの一つ。そして、花を追いかけるように、誰も知らないような小さな村を訪ねる旅の支度を促す花でもあるのです。

Le printemps
No.1 Charroux
菜の花
サフランとマスタードの村
シャルロー
パリ
Paris
ストラスブール
Strasbourg
ナント
Nantes
ディジョン
Dijon
リヨン
Lyon
ボルドー
Bordeaux
トゥールーズ
Toulouse
マルセイユ
Marseille
ニース
Nice
Village Fleuri
最も美しい村

「菜の花に囲まれた、こんなに美しい村があるんだ！」

私がフランスの小さな村を旅するようになったきっかけは、オーヴェルニュにある人口400人に満たないシャルローという小さな村の蚤(のみ)の市に出かけたこと。菜の花畑に埋もれたこの村は、「最も美しい村」の一つです。初めて訪ねたときにはそんなことも知らず、ただただ夢中でシャッターを切るだけでしたが、この菜の花畑との出合いが、私の「フランスの田舎の小さな村好き」を決定づけることになりました。


シャルローを何度も訪れるようになってから、村の人たちに少しずつ話を聞かせてもらうようになって知ったのは、この村の魅力は菜の花畑だけではないということ。

まず有名なのは、サフラン。毎年10月中旬から下旬にかけてサフランの収穫があり、サフラン祭りも開かれます。次にマスタード。「フランスのマスタード」といえばディジョンがいちばん有名ですが、ここシャルローのマスタードは地元産ということもあり、オーヴェルニュ人にとってなじみ深いものでもあります。

サフランもマスタードもフランス人にとっては欠かせない食材であり、その花もまた可憐（かれん）に村を彩る。同じ村でも、季節ごとに訪れるとさまざまな発見がある――。それも、フランスの田舎の村の魅力です。

フランスにも日本と同じように美しい四季があり、ガーデニングを楽しむ人たちがたくさんいます。

シャルローでも、ときどき庭の手入れをしている村人と出会います。

「お庭の写真を撮らせていただいてもいいですか？」と尋ねると、「じゃ、中に入っておいで」と、招き入れてくれる方の多いこと。「お庭の手入れは大変なのでは？」と聞くと、「大変よ～。でも、こうやってきれいにしたら村が美しくなるし、観光客も喜んでくれる。私も美しい庭を眺めていられるし、なにより、あなたと出会えたじゃない！」

私が田舎の旅をやめられないのは、きっとこんなふうに花を通じて多くの優しい気持ちに触れられる瞬間があるからなのだと思います。

初めてシャルローを訪ねた後、菜の花は油をとるためのれっきとした農作物であり、一面の黄色は、この季節に田舎に行けばどこでも見られるフランスの風物詩だということを知りました。

気づくと、私が住んでいる村にも見事な菜の花畑が。今では毎年、菜の花が咲き始めるとカメラを片手に村の周りに散歩に出かけます。

「また、菜の花の写真を撮っているの？」

トラクターに乗った村のおじさんが、手を振った私に話しかけてきます。

「そうよ。私にはこの景色がとてもきれいに見えるから！　Bon courage!（頑張ってね！）」

美しい青い空に吸い込まれるようにまた仕事に戻っていくトラクター。私は、その姿をこっそりカメラに収めるのでした。

GLACES ALPES

Safran
SAFRAN DE CHARROUX

Le printemps
No.2 Bormes les Mimosas
ミモザ
花に愛された村
ボルム・レ・ミモザ
パリ
Paris
ストラスブール
Strasbourg
ナント
Nantes
ディジョン
Dijon
リヨン
Lyon
ボルドー
Bordeaux
トゥールーズ
Toulouse
ニース
Nice
マルセイユ
Marseille
CONSEIL NATIONAL
Ville Fleurie
DES VILLES ET VILLAGES FLEURIS

オーヴェルニュではまだ雪がちらつくこともある2月の終わり。同じフランスの中でも、温暖なコート・ダジュールでは多くのお祭りが開かれます。ニースのカーニバル、マントンのレモン祭り……そのどれもが魅力的で、世界中から多くの観光客が訪れます。

でも、この時期に私が向かったのはニースでもマントンでもなく、「ミモザの村」として有名なボルム・レ・ミモザ。本書の冒頭で紹介した「花の村コンクール」で〝4つ星〟ならぬ〝4つ花〟ラベルを得ている、まさに「花に愛された村」なのです。

この村を知ったのは、まだ日本ではそれほど知られていない12年ほど前のこと。たまたまインターネットで見かけて以来、ずっと心の片隅で「いつか行ってみたい」と思い続けていた憧れの村の一つでした。はるばる日本から遊びに来てくれた母と2人で南仏ドライブ旅行を計画したときに「せっかくだから行ってみよう」と訪れたのが、その後、何度も訪れることになる最初

のきっかけとなりました。

花に愛されたこの村は、香水の町として知られるグラースまで全長130キロにも及ぶミモザ街道の出発地点。毎年2月になると、春を告げる花祭り「コルソ・フルーリ」が開かれます。

1月下旬から2月の終わりごろまで咲くミモザの花は「冬の太陽」といわれ、まさにコート・ダジュールの象徴。この祭りは、ミモザの開花と春の到来を祝うものでもあります。

祭りでは、花で飾られた華やかな10台以上の台車が、大道芸人やサンバチームを引き連れて村の中をパレード。プログラムの最後を飾る「バタイユ・ド・フルール（花合戦）」では、手を広げる観客たちに向かって台車から春の花が投げ込まれます。

この村の美しい時期は、実はミモザの季節だけではありません。母と初めて訪れたのは初夏。村の中に一歩入り、私は思わず息をのみました。石壁一面に広がるブーゲンビリアの洪水。感動のあまりしばらく動けなくなりました。母と2人、村中にある細い階段をおり石畳の角を曲がるたび、思わず「わ〜っ！」と声を上げてしまったほど。目には鮮やかなピンクが飛び込んできます。村中に咲き誇るブーゲンビリアが、まるで傑作の絵画を前にしたときのように私を圧倒します。

一度、この景色を知ってしまうともう大変！　目の奥に残るあの景色を見たくて、私は何度もこの村を訪れることになりました。

決してきらびやかなブランドショップや有名な建造物が建ち並ぶわけではないけれど、花好きな方ならこの楽しさはおわかりになるはず。村にはブーゲンビリアだけでなく、キョウチクトウやルリマツリ、アジサイなど、ほかにも多くの花が競うように咲き乱れます。

ボルム・レ・ミモザは、まさしく「花に愛された村」なのです。

BMS

Le printemps
No.3 Tourrete sur Loup

スミレ

険しい崖に咲く鷲の巣村

トゥレットゥ・シュル・ルー

春の訪れを日に日に感じるようになると、甘い香りがフワッと鼻をくすぐります。

「あっ、咲いたな」

野鳥たちによって運ばれた種から、いつの間にか私の庭に咲くようになったニオイスミレ。小さな花ですが、たった1本飾るだけで、部屋中に甘い香りが広がります。

庭のスミレを摘み、ブーケにして部屋に飾ると……その優しい香りに誘われ、コート・ダジュールの小さな村を思い起こします。「スミレの村」として人々を魅了するトゥレットゥ・シュル・ルーです。

それは「スミレの村」の印象からほど遠く、とにかく険しい崖の上に立つ小さな村。コート・ダジュールというと、真っ白な砂浜が広がっているイメージがありますが、実際には、ニースの海岸のように石の浜であったり、背後には切り立った崖がそびえる山間部もあり、さまざまな顔を持つ魅力ある地

スミレ ／ No.3 トゥレットゥ・シュル・ルー (Tourrete sur Loup)

PASTILLES
À LA
VIOLETTE
100G
30ML
CREME MAINS
TOURRETTES SUR LOUP

Violette
cristallisée
5.50€

方です。
その崖の上にあたかも鷲が巣を作るように点在するのが、通称「鷲の巣村」と呼ばれる小さな村々。トゥレットゥ・シュル・ルーもその一つです。

旧市街は15分もあれば1周できてしまうほど。ここで旅行者に大人気なのは、スミレのアイスクリーム。アイスの上にちょこんと乗っているスミレの砂糖漬けがかわいいです。そのほかにも、有機栽培のスミレから作られるボンボンや紅茶、ハンドクリームやポプリなど、この村のスミレグッズは大人気。スミレだけでこんなに楽しめるなんて！　ちなみに、ヨーロッパのニオイスミレには主にヴィクトリア種とパルマ種の2種類があり、この村では現在、ヴィクトリア種のみが栽培されているのだそうです。

フランス原産というヴィクトリア種は、スミレとは思えないほど茎が長いのが特徴です（なんと25センチメートル近くも！）。香りが強いためブーケにしても大人気。スミレ祭りに訪れると、村中で小さなスミレの花束がたくさん売られています。

フランスの男性は、女性に花をプレゼントするのが大好き。村の中には、幸せそうにブーケを持ったマダムたちの姿がたくさん見られます。

この村には、スミレのお菓子やスミレの香りがついた紅茶やお砂糖など、女性なら思わず手に取ってしまうものもいっぱい。訪れるたび、「今度は何を作ろうか」と、ワクワクしながらお店をのぞいてしまいます。


家に帰り、旅先で買ってきたその地方の食材でお菓子を作るのは、私のひ

そかな楽しみの一つ。今回の旅でトゥレットゥ・シュル・ルーから持ち帰ったのは、使うのがもったいないほどかわいい紫のスミレパウダーと砂糖漬けです。

さあ、さっそくお菓子を作りましょう！　パイ生地の上に薄くスミレのパウダーを敷き、焼き上がった薄焼きアップルパイの上にスミレの砂糖漬けとパウダーをパラパラ。部屋いっぱいに広がる甘い香りが、旅の思い出を連れてきてくれました。

フランスではスミレが咲き始める2月2日に、クレープを食べる習慣があります。その日はキリスト誕生から40日後の「La Chandeleur（ろうそくの日）」。このChandeleurは、ろうそくを意味する「Chandelle」に由来するといわれています。いつか、「あれ？　ろうそくはbougieじゃなかったっけ？」と不思議に思って調べてみたところ、獣油や樹脂で作った昔のろうそくのことをChandelleというのだとか。

実は、わが家ではクレープを焼くのは夫の役目。クレープとワッフルだけは、私よりも夫のほうがずっと上手なのです。夫が焼いたクレープをせっせと折り畳み、皆のお皿に飾りつけるのが、もっぱら私の役目です。

クレープにはレモンカードを添え、私の庭にも咲いているニオイスミレをアレンジ。ロシアの友人に教えてもらったりんごケーキには、ミモザを飾ります。こんなふうに、日々の食のシーンにも季節の花々が登場するのです。

チューリップの思い出

チューリップ……。この花には、特別な思い出があります。

ある春の日のこと。その日、下の娘は大嫌いな歯医者に出かけ、迎えに行った夫と一緒に買い物に行きました。夫がスーパーマーケットのレジの前に並んだチューリップを見つけ、私に買おうと手を伸ばしたら、「あっ！　彼女の大好きなチューリップ！」と、横からうれしそうに娘の手が……。

「私が買う！」。そう言って、自分のお小遣いから、私に初めてのプレゼントを買ってくれました。

「はい、どうぞ」。差し出されたチューリップは、涙でにじんでいきました。

その日は記念日でも何でもなかったのですが、チューリップの花とともに、私の喜ぶ顔を思い出してくれたのだそう。

夫と結婚して、突然2人のフランス人の娘の母となった私。これまでいろいろなことがあったけれど、2人ともかわいい義理の娘たちです。

今でも忘れられないのは、初めて夫と2人で南仏のリゾート地に住んでいた

下の娘と会ったときのことです。当時、彼女はまだ9歳。3人で一緒にホテルに泊まり、私が持ってきた折り紙で一緒に鶴やチューリップをせっせと折って遊びました。

彼女が教えてくれるフランス語はいつもどこかへんてこりん。今となっては笑い話となったエピソードもたくさんあります。

その一つは、南仏の砂浜で私にフランス語を教えてくれたとき。「pouce（親指）、index（人差し指）……」。そう指折りながら続けていたかと思うと突然おしゃべりが止まり、なにやら真剣に考えだしました。そして、「pouce（親指）、index（人差し指）……あとはね、doigt doigt doigt（指、指、指）……」「ほんとに?」。私が疑うと、「いいの、指って言えば通じるから！」と、満面の笑顔で答えてくれました。

下の娘を引き取ったのは、実は亡き父

との固い約束を破ってのことでした。父は、日本からフランスに嫁ぐだけでも大変なうえに義理の娘の面倒まで見なくてはならなくなった私を心配し、「上の子だけで手いっぱいなんだから、絶対に下の子を引き取らないこと」と何度も私に言い聞かせました。

そんな父との約束を破ってまで引き取ることになったきっかけは、いろいろ問題のある彼女の母親が「私の手に負えないからもう育てたくない」と、わが家に下の娘を連れてきたこと。娘たちの母親はいわゆる「ネグレクト」で、娘は幼いころからいつも自分で電子レンジを「チン」するか、缶詰を開けて食事をしてきたといいます。

だからなのでしょう。夏休みや冬休みにわが家に遊びに来ると、私がキッチンに立つたび必ず横に来て、料理をする姿を飽かずに眺めていました。そして、「何か手伝うことない?」といつも

言ってくれたものです。
　心の中はきっと傷つき複雑だったでしょうが、そんなそぶりも見せずいつもニコニコ笑っている彼女。見かねた私は結局、父との約束を破りました。彼女と出会って3年目の夏。そのとき自分で決めたのは、どんなことがあっても途中で投げ出さないこと。そして、自分で決めたのだから一切泣き言を言わないこと。その2つです。
　上の娘は、初めて会ったときにすでに17歳をこえていて、さすがに私にまとわりつきはしませんでしたが、妹と一緒に住めることがとてもうれしかったようで、彼女が到着した日、いちばんに飛び出していきました。愛情表現が苦手なタイプですが、働き始めてからは、ときどき仕事帰りに私の好きなお菓子を買ってきてくれて恥ずかしそうに手渡してくれるようになりました。
　悪さばかりして心配の種が尽きない下の娘とはケンカもするし、彼女が私の

発音のおかしいフランス語をからかうのはもう日課のようなもの。それでも、私ほど娘たちから大切にされている義理の母はいないと思います。

実は娘たちと一緒に住み始めたころ、日本の友人から「母親としての自覚が足りないんじゃない？　自分がおなかを痛めて産んだ子なら、命に代えても守ろうと思うのが普通でしょ！」と、母親の愛情について諭されたこともありました。ですが、もし逆に娘の立場だったらと考えたのです。

ある日突然、見ず知らずのアジア人女性がやってきて、「今日から私があなたたちのお母さんよ！」と押しつけられたとしたら、きっと嫌なのでは——。そう思い、無理をするのはやめました。私は、少しずつ少しずつ、私たちのペースで家族になりたかったのです。そんなとき、近くに住む友人から「絶対大丈夫。きっとあなたの気持ちは娘さんたちに伝わるはずよ」と言ってもらい、自分らしく母親になっていこうと決めました。

夫がいちばん大変だったと思いますが、何も言わないで温かく見守ってくれたことに日々感謝し、結婚してますます頼りになった上の娘夫婦、まだまだやんちゃな下の娘との暮らしを守っていきたいと思います。そして、楽しくご近所付き合いをしてくれるこの村の人たちに心から感謝しています。

私にとって、今や第2のふるさととなったフランスの田舎の小さな村。私が日本の皆さんにフランスの田舎の魅力を紹介したいと思うのは、花にあふれる村の美しさだけではなく、そこに住む人々の温かい心に触れてほしいからなのかもしれません。

早いもので下の娘がわが家にやってきてからもう7年。19歳になる娘は、今や怒られないと部屋の片づけができないわがまま娘として君臨しています。

それでも……。チューリップが咲くころになると、彼女からの初めてのプレゼントを思い出し、私はなんとも優しい気持ちになれるのです。

Le printemps
No.4 Montpeyroux
フジ ①
はちみつ色と薄紫の競演
モンペルー
パリ
Paris
ナント
Nantes
ディジョン
Dijon
ストラスブール
Strasbourg
ボルドー
Bordeaux
リヨン
Lyon
トゥールーズ
Toulouse
マルセイユ
Marseille
ニース
Nice
Village Fleuri
最も美しい村

毎年、菜の花が終わりを告げる4月の後半あたりから多くの小さな村を訪ねるようになる私。その水先案内人は、風になびく美しいフジの花です。今では、花に包まれる小さな村の魅力を紹介している私のブログ読者の方からも、「木蓮さんはフジの花がお好きですね」とコメントをいただくことも。もともとそれほどフジに興味がなかった私がこんなふうに声をかけられるようになったきっかけは、わがオーヴェルニュにある「最も美しい村」の一つ、モンペルーを訪ねたことでした。

驚いたのは、棚仕立てが多い日本と異なり、壁一面に沿って咲く壁面仕立

てのフジの花の魅力的なこと。「こんな自由な咲かせ方があるんだ！」と、意表を突かれました。

モンペルーがあるのは、オーヴェルニュの中心都市であるクレルモン・フェランを県都とするピュイ・ド・ドーム県。この地域には、日本でもミネラルウオーターとして有名なボルヴィックの採水地があり、「ボルヴィック・ストーン」と呼ばれる黒い石を使った建物がよく見られるため、その少し暗い色合いからか、「あぁ、あの寂しい色の地域ね」と言われることもしばしば。

しかしモンペルーの村は、はちみつ色をした石造りの家が多く、村全体は明るい印象です。この村では「arkose」と呼ばれる明るい色合いの石が採取され、近隣の町や村ではこの石を使って、ロマネスク様式の教会がたくさん建立されました。昔はブドウの栽培も盛んで、まさに石とワインによって繁栄した村。秋になると、美しいブドウと石造り建物とのコントラストを楽しむことができます。

冬の寒さが厳しいオーヴェルニュでも、春ともなれば、このはちみつ色の石壁を背景に一斉に花が咲き始めます。

フジの季節、この村には私が秘密にしたい、とっておきの場所があります。そこは空色の扉と淡い紫のフジが織りなす美しい空間で、どうやら同じことを考えている方もちらほら。

フランスの小さな村に咲き誇るフジはいずれも景色に溶け込み、美しい絵画のような世界を創り出します。フジの花をテーマに小さな村めぐりをするのも、この季節ならではの楽しみです。

Le printemps
No.5 Conques
フジ ②
過去と現在が溶け合う場所
コンク
パリ
Paris
ナント
Nantes
ストラスブール
Strasbourg
ディジョン
Dijon
リヨン
Lyon
ボルドー
Bordeaux
トゥールーズ
Toulouse
マルセイユ
Marseille
ニース
Nice
ESCAPADE

オーヴェルニュをはじめとしたフランスの中央部には、ほかにも美しいフジの花咲く村がたくさんあります。

その中の一つが、サンティアゴ・デ・コンポステーラ巡礼路「ル・ピュイの道」の最重要地であるミディ・ピレネーのアヴェロン県にあるコンク。観光地ではありますが、一種独特な雰囲気に包まれていて、今も昔も変わらず人々を魅了し続けています。1000年をこえる歴史を持つこの地は、「最後の審判」を描いたタンパン（建物入り口の頭上にあるアーチと梁に囲まれた部分）で有名なサント・フォア大修道院付属教会と、ドルドーニュ川に架

かる巡礼の橋が、ユネスコの世界遺産に登録されています。春にこの村を訪れるチャンスがあったら、素晴らしい歴史とともに村に寄り添うように咲く、フジの花にもしばし目を向けてみてください。

古い木組みの家に沿うように咲いていたフジを堪能した後、細い石畳の坂を下っていたら、突然目に飛び込んできた景色にびっくりしました。それは、上から見おろすフジの海。村の小さなホテルの中庭にある美しい空間に、思わず息をのみました。この見事な景色をつくり出しているのは、なんとたった1本のフジの老木です（61ページ左上）。

多くの巡礼者たちを見守り続けているサント・フォワ教会はロマネスク建築として有名ですが、地元出身（アヴェロン県ロデズ生まれ）の画家、ピエール・スーラージュによって、１９９４年に新たな命を吹き込まれました。彼の作品である美しいステンドグラスは過去と現在を巧みに融合させ、そこから差し込む光はこの教会に訪れるすべての人たちを優しく包みます。

その美しさを堪能したければ、昼だけではなくぜひ夜まで滞在してみてください。5月から9月にかけての観光シーズンには、夜の9時半から30分間、この教会の中で美しいパイプオルガンの調べを楽しむことができます。夜更けにそっと教会の中に入り、周りの人たちの後について細い階段をのぼっていくと、まるで秘密の集会に参加しているような気分になります。

教会の2階部分に上がり、美しいライトアップを堪能しながら歩いていると、オルガンの音色に合わせてオレンジの温かい光が強くなったり弱くなったり……。その空間は本当に幻想的で、美しいフジの花と一緒にコンクの思い出がよりいっそう、心に深く刻み込まれることと思います。

ときにはこんな聖地を一人でゆっくりと訪れるのもいい。すっかり軽くなった心と一緒に、また次の花の村に思いを馳せて……。

Le printemps
No.6 Gerberoy
バラ ①
芸術家と村人の熱き思い
ジェルブロワ
パリ
Paris
ナント
Nantes
ディジョン
Dijon
ストラスブール
Strasbourg
リヨン
Lyon
ボルドー
Bordeaux
トゥールーズ
Toulouse
マルセイユ
Marseille
ニース
Nice

花の女王といえば、やっぱりバラ。世界中で愛されている花の代表といっても過言ではありません。しかし、日本に住んでいたころの私は、「バラ＝大輪の花」というイメージを持っていたので、部屋に飾るには華やかすぎて敬遠していた花の一つでした。

ところが、フランスに来てからそんな気持ちはどこへやら。フランス各地の小さな村を訪れるたび、少しずつバラの楽しみ方を知ることになりました。そう、バラがないことがかえって不自然に感じるほど、石造りの家にバラの花がなじんでいることに気がついたのです。

それからというもの、各地方の特色ある石壁とバラの写真を撮るのが大好きに……。今ではわが家にもたくさんのバラを迎えるようになりました。

フランスには「バラの村」と呼ばれる村がいくつかありますが、ここでは日本でも有名なジェルブロワを中心にご紹介しましょう。

ジェルブロワでは、毎年6月にバラ祭りが開かれます。ですが、私がこの

村を初めて訪れたのは、バラがまだ咲いていないフジの花の時期。フランスでも日本と同じように紫色のフジはよく見かけますが、白いフジの美しさはまさに圧巻！　バラが咲いていなくても十分楽しめる村だと感動しました。

そして翌年、バラの季節に再びジェルブロワを訪ねると……。

「ここまで美しい村だったなんて！」

バラをはじめ、これでもかというほど咲き競う花々。村中があたかも一つの絵画のような光景を目の当たりにしたのです。咲き乱れる花の中心にいるのは、やはりバラ。この村が特に「バラの村」といわれる理由をあらためて実感しました。

この村の美しさの奥には、一人の芸術家の情熱がありました。20世紀初頭に活躍した新印象派の画家、アンリ・ル・シダネルです。

友人のクロード・モネに感化され、いつしか自分もモネのようにフランスの田舎に美しい庭を持ちたいと願っていたシダネルは、たまたま訪れたこの村の城壁にほれ込み、村の中に自分のバラ園を造り、村自体をバラや花で覆い尽くすことを提言。彼の熱き思いに賛同した村人たちとともに、少しずつ路地の脇や自分たちの庭にバラや花を植えていったのです。それは、気の遠くなる作業だったことでしょう。

シダネルと村人たちの努力が積み重ねられ、過去の戦禍で荒れ果てていたジェルブロワは花の村として復興。現在の美しい村の姿がつくり上げられていきました。

そんな彼らの情熱に思いを馳せながら村を眺めてみると、バラの美しさはいっそう感慨深いものがあります。

Le printemps
No.7 Giverny
バラ ②
バラとスイレンとモネの村
ジヴェルニー
パリ
Paris
ナント
Nantes
ディジョン
Dijon
ストラスブール
Strasbourg
リヨン
Lyon
ボルドー
Bordeaux
トゥールーズ
Toulouse
マルセイユ
Marseille
ニース
Nice
Village Fleuri

ジェルブロワが花で覆い尽くされる美しい村として復興するきっかけとなったクロード・モネ。彼の「ジヴェルニーの庭」は、世界的に有名です。かねてからモネの絵が大好きだった私は、日本からフランスに一人旅を始めたころ、真っ先にこのジヴェルニーを訪れました。

まだフランス語の話せなかった私は電車やバスに乗るのも必死な状態で、パリではメトロの駅から出られなくなるという失敗を重ねる始末。ようやく念願のジヴェルニーの庭にたどり着いたときには、絵画と同じように咲く池のスイレンを眺めながら、ただただぼうぜんとしていたことを覚えています。そんな思いをしてまで行きたかったモネの家。そこで見たのが、それまで見たことのない不思議な形をして咲いている見事なバラでした。それはいわゆる「スタンダード仕立て」と呼ばれるもので、フランスでよく見かけるものです。

バラは壁面に這うように仕立てるのも美しいものですが、今では丸いトピアリー*と呼ばれる形で咲いている姿もかわいいと思うようになりました。バラにもいろいろな楽しみ方があると知ったのは、なんとモネの庭だったというぜいたくな瞬間でした。

こんなふうに、花をめぐる旅は、今まで知らなかった世界をたくさん知るきっかけにもなるのです。

*ヨーロッパの庭園でよく見られる常緑樹や低木を刈り込んで作る造形物。フランスでは、ラベンダーや日本のサツキまでトピアリーになって売られています。

真っ赤なバラとママンの思い出

フランス人にとって、バラは特別な存在。玄関のアプローチや家の壁に、また庭のパーゴラなど、さまざまなスタイルでバラを楽しんでいます。

「フランス人は、なぜそんなにバラが好きなの？」

友人たちに尋ねてみても、答えはさまざま。その中で、「日本人にとっての桜のような存在」という答えが、私にはいちばんしっくりきました。

そして、もう一つ。友人たちが言うには、男性からもらうバラの贈り物には深い意味があり、中でも「赤いバラ」は「あなたを愛しています」というロマンチックなもの。そんなこともあって、フランス女性はことのほか赤いバラが好きなのかもしれません。

フランス人がバラを愛する理由はいろいろあるとは思いますが、あるフランス女性から「フランスは、『愛の国』といわれるでしょ。赤いバラは、愛を象徴するからじゃない？」と言われたときは、思わず「なるほど！」と納得したものです。

私にとってバラと切り離せないのは、3年前に亡くなったママン*（義母）との思い出。彼女は、「バラといえば絶対に赤」と譲らず、家の畑には50種類以上の赤バラばかりが100本ほど植えられていました。会えばいつもバラの話をしていたママンは、一緒にガーデニングショップに行くと、不自由な足を引きずりながら真っ先にバラの苗のもとへ。「エディット・ピアフ」と名づけられたバラを見つけたときは、その苗の前で突然、ピアフのシャンソンを歌いだし、驚いた私はどうしたものかとアタフタしたこともありました。

やがて4度目のがんが再発して入院したママン。突然、「アイスクリームが食べたい」と言い出し、病院の売店で買い求め、1時間かけて食べさせてあげました。最後にはほとんど液体になってしまったアイスクリームを、それでも「おいしい」と喜ぶ姿に、夫も私も

＊「ママン」という発音は、少し訛りが入っており、通常は「マモン」と言います。

なんとなく「今日が最後なのかな」と感じました。

そして、その日の深夜、彼女は静かに息を引き取りました。


「私は赤バラに囲まれて眠りたいわ」

そう話していた彼女のために、私は真っ赤なバラで作られたハート型のアレンジをオーダーしました。日本では不謹慎と思われかねませんが、訪れた弔問客の皆さんが、「あなたのプレゼントがいちばんうれしいはずよ」と、私に〝ビズ〟*をしてくれたことを、昨日のことのように覚えています。

ママンが亡くなってひと月後、私は彼女からの最後のプレゼントを夫から受け取りました。

「このお金で花の大好きなあの子に、バラとクレマチスの絡まるアーチと、それを眺めるベンチを買ってあげてね」

今では毎年、このアーチに絡まった真っ白なクレマチスと、黄色と淡いピンクのバラが見事に咲いています。赤いバラじゃないことを、どうか空の上のママンが怒っていませんように……。

＊お互いの頬を軽く合わせるあいさつ。

Le printemps
No.8 Belcastel
リラ
建築家と村人の力で蘇った村
ベルカステル
パリ
Paris
ナント
Nantes
ストラスブール
Strasbourg
ディジョン
Dijon
リヨン
Lyon
ボルドー
Bordeaux
トゥールーズ
Toulouse
マルセイユ
Marseille
ニース
Nice

リラ——。

日本でライラックと呼ばれるこの花を洋書で見かけたのは、いつのころだったでしょう。白いホウロウのピッチャーの中には今にもこぼれそうなくらいのリラの花。それが無垢(むく)板の床の上にぽんと置かれ、横にはアンティークのトランクがあって……。

インテリア好きな方ならなんとなく想像がつくでしょうが、単純な私はその光景に憧れ、リラの花のある暮らしがしてみたいと思いました。日本に住

んでいたころ、小さなベランダで育ててみましたが、咲いてくれる花は本当に少しだけ。「あんなにぜいたくにリラの花が飾れたらいいのに」と思ったものです。

あれから時は過ぎ……。

今では好きなだけリラの花を籠いっぱいにしているなんて、あのころの私が見たらびっくりすることでしょう。リラ特有のはちみつのように濃厚な甘い香りとともに花を腕の中に抱えると、なんともいえず幸せな気分になります。

わが家には、濃い紫から淡い藤色のような紫のリラまで3種類、真っ白なリラが1種類あり、それぞれ少しずつ時期がずれるように咲いてくれます。リラのシーズンが始まると、家の中は大忙し。畑から帰ってくる夫が毎日のようにリラの花を持ってきてくれます。

リラを目いっぱい楽しもうと部屋中に飾るのが私の楽しみですが、この時期、友人たちが遊びに来るとなると、皆のびっくりした顔が見たくてテーブルの上もリラでいっぱいに。そして、いつか見たあの洋書の写真を思い出しながら、部屋にリラを飾るのです。

日本ではリラの花といえば北海道。私の住む地方は北海道と似た気候のため、リラの花がたくさん咲きます。北海道に「リラ冷え」という言葉があるように、ここオーヴェルニュでもリラの花咲くころは気温が不安定になり、真夏日のような日があったり10℃を下回る日があったり……。

そんな寒暖差のあるリラ冷えの季節には、時としてなんともいえない美しい夕日が村を包み込み、リラの花と溶け合うがごとく美しい紫の世界を生み出してくれます。この美しい自然のプレゼントには、村の人たちも外に出てきて空を眺めるほどです。

リラの花が美しく咲くベルカステルは、オーヴェルニュから少し南下したオクシタニーのアヴェロン県にある「最も美しい村」です。この村に春先に訪れると、聞こえてくる音は川のせせらぎと鳥の鳴き声ばかり。まるで村全体が冬眠から目覚めたように、静かに春の喜びを感じさせてくれます。

橋の先に見えるのは、15世紀に建てられたサント・マドレーヌ教会。この教会と村をつなぐ橋は、教会と同じくかつて村の領主だったアルジア・ドゥ・ソナックが15世紀に造ったもので、フランスの歴史的建造物に指定されています。この橋にはサント・マドレーヌ教会へのアクセスだけでなく、アヴェロン川によって分断された住民の往来を容易にするという重要な意味がありますｓ。今でもこの橋のたもとは、恋人たちの語らいの場でもあるようです。

村の中を歩くと、至るところでリラの花に出合います。
川岸にはキャンプ場もあり、村を眺めながらアペリティフ（食前酒）を楽しんでいるご夫妻も。この村のシンボルでもある城塞は、巨大な岩の上に1000年前に建てられたものですが、16世紀の終わり、ソナック家最後の相続人が城を放棄した後、再び村人がこの城を取り戻すまでに100年以上の月日が流れました。この間に城塞は取り返しのつかないほど荒廃し、廃墟と化したのです。

しかし、1973年にフランスの有名な建築家フェルナン・プイヨンによってこの村と城塞が発見されたことにより、ベルカステルは劇的に生まれ変わります。彼の素晴らしい功績により、この村は再び蘇ったのです。

このベルカステル城のサイトに書かれている言葉は、非常に印象的です。
「ベルカステル城は、間違いなく芸術と建築、過去の記憶と今（現在）が重なり合う唯一の場所だといえるでしょう」
一人の建築家と村人たちの手によって蘇った美しい村ベルカステル。この素晴らしい芸術と建築、過去と現在の融合を楽しんでください。

春――。

一年の中で、最も忙しい季節がやってきました。

フランスの田舎では、多くの家庭で畑を持っているのが一般的。わが家も夫の両親から少し大きな畑を受け継ぎ、野菜作りに励んでいます。

寒い冬の時期から、今年の収穫のために少しずつ準備していた苗や種を植え始めます。このタイミングがなかなか難しく、霜がおりてしまうと苗がダメになるため、慎重に時期を選びます。

その脇では、冬の間に植えていた球根たちがまるで大合唱するかのように花を咲かせ始めます。スイセン、ヒヤシンス、チューリップ……それらを好きなだけ摘み、家の中に飾りつけるのが、この季節いちばんのぜいたく！

フランスに住み始めたころ、ここに一年中花が咲くような庭を作りたいと思い立ち、最初のうちは張りきっていたのですが、少しずつ忙しくなったことを言い訳にあえなく挫折しました。それでも春になると、種をまいた花たちだけでなく、鳥の落とし物から発芽した花まで、一斉に花を咲かせてくれます。

3月に入るとまずはスミレの花。下旬にもなると一気に花たちが開花し、わが家の畑はまるで楽園のよう。ヤマブキで自然にできあがったトンネルは、私の秘密兵器である芝刈り機でくぐり抜けます。

La Chica
Organ Concerto in D minor Op.7/4
(adlibitum) 1912PAS

そして、自宅の庭でも大忙し。家から歩いて30秒ほどのところにある石壁に囲まれた庭は、通称「私の庭」。ここだけは私の好きな花を植えています。最初は全く何もないところから始めました。村のおじさま方が私を見つけると、「何やってるんだ?」と、よくからかいに来ました。どうやら、私のへっぴり腰具合が見るに耐えかねたらしいのです。

夫から、「シティー・ガーデナー」といつも揶揄(やゆ)されるほど力のない私は、プランターや鉢に土を入れることしかやっていなかったので、大地がこんなに固いとは知らず、すぐへとへとに……。

「まず、土の作り方がなってない!」

夫によるスパルタ教育が始まりました。ケンカしながらも、何もないところから土を耕し、ひと冬たまった暖炉の灰や自家用コンポストでできた堆肥、近所からもらってきた馬フンや牛フンを混ぜ合わせ、ふかふかにした土に花苗や球根を植えて少しずつ形にしていきました。そのかいもあって、庭には美しいクレマチスが滝のように咲くまでになりました。

春の庭は、喜びであふれています。それはこんなところにも……。クレマチスの美しいグリーンのカーテンの中は、小鳥たちの絶好の隠れ場所。安心して子育てができるようで、花の中にこっそりいくつもの鳥の巣が作られるのです。

去年はなんとモグラにやられ、庭の球根がすべてダメになりましたが、これればかりは自然と共存しているのだから仕方ありません。花を美しく咲かせるのはとても楽しいことではありますが、昆虫や動物たちにとっても、安心してすめる楽園であってほしい。今ではそう思いながら庭作りをしています。

今年もまた遊びに来る鳥たちを思い、美しい彼らの隠れ家を作りましょう。

L'été

夏

【ジャスミン】エズ（Èze）
【ラベンダー】ソー（Sault） ／ ムスティエ・サント・マリー（Moustiers-Sainte-Marie）
【アジサイ】イヴォワール（Yvoire）
【ブーゲンビリア】ヴィルフランシュ・シュル・メール（Villefranche-sur-Mer） ／ カーニュ・シュル・メール（Cagnes-sur-Mer） ／ サン・ポール・ド・ヴァンス（Saint-Paul de Vence）

オーヴェルニュの大地に初夏がやってくるころ、さわやかな風とともに麦の歌が聞こえてきます。萌黄(もえぎ)色の麦の穂が大地に広がり、風に揺られる姿がまるで歌っているかのように見えるのです。風にたなびく麦のダンスは、まさしく「風が通る道」。風は本来、形のないものですが、麦の上にさざ波をつくり表面を駆け抜けていきます。

なんとしてもこの美しい風の表情が見たくて、私はときどき麦畑に足を運びます。近くで見ると、一つひとつの麦はまだまだ細く頼りない。それでも、あたり一面がサワサワ揺れ始めると、ま

るで大合唱が始まったかのように美しい風の波が広がるのです。

季節が進み7月も半ばになると、麦の色は黄金色に……。

さぁ、ここから農家の皆さんは大忙し。収穫前に雨が降ると大変なので、天気予報とにらめっこ。ときには夜通し、ヘッドライトをつけたトラクターが動き回っています。収穫が終わると、畑には夏の風物詩でもある大きな干し草の塊が転がります。

トラクターが忙しそうに動き回る傍らで、今度は黄色のヒマワリたちが咲き始めました。

季節はこうして花とともに移り変わっていきます。

L'été
No.9 Èze
ジャスミン
花に誘われて絶景へ
エズ
パリ
Paris
ストラスブール
Strasbourg
ナント
Nantes
ディジョン
Dijon
リヨン
Lyon
ボルドー
Bordeaux
トゥールーズ
Toulouse
ニース
Nice
マルセイユ
Marseille
Ville Fleurie

日本に住んでいたころ、旅といえばホテルや旅館に泊まることしか考えていなかった私。もちろん友人の家に遊びに行くこともありましたが、大人になってからの旅はもっぱら温泉地でした。

そんな私がフランスに住むようになり、家族で初めて向かった夏のバカンス先は大西洋に面したフランス南西部のアキテーヌ地方。いつも山に囲まれて暮らしている夫や子どもたちにとって、どうやら「海」は特別な存在のようで、朝から家族中がウキウキ。フランス人におけるバカンスの重要さをあらためて感じました。

さて、海といえばやはり忘れてはならないのが地中海。コート・ダジュールには花の美しい村が数多くあります。その中でも日本人に特に人気があるのが、ニースとモナコの中間に位置するエズです。南仏好きの方なら、一度は行ったことがあるのではないでしょうか?

山間部の切り立った崖や岩山の上に造られた通称「鷲の巣村」の一つであるエズは、海岸からわずか数百メートルほどしか離れてないというのに、村の標高は430メートル近く。海岸線のニースやカンヌとは全く違う景色が広がります。

この村いちばんの見どころは、高台の城跡にある熱帯植物園です。ここから一望できる地中海の絶景はとにかく有名で、今では多くのガイドブックで紹介されています。私も初めてこの景色を見たときは、空と海の境がまるで溶け合っているかのような錯覚を起こしました。

エズに入るには、駐車場から急な坂道をのぼっていきます。6月半ばに訪れたときは、満開のジャスミンの甘い香りが出迎えてくれました。古ぼけた黄色い壁に、雪のように美しく絡みつくジャスミンの真っ白な花……。そんな花のつくり出す情景に、思わず目を奪われてしまいました。

実は、私が最初に自分の力だけで訪れたフランスの小さな村が、このエズ。それまで、プロヴァンスにあるゴルドやルシヨンなどの小さな村は、友人夫妻に連れていってもらったことがあったのですが、まだフランス語が話せなかった私にとって、エズまでの旅はまさしく大冒険。

パリのメトロから出られなくなったり、マルセイユで電車の遅延に巻き込まれたり……それはもう数々の失敗を積み重ね、やっとの思いでたどり着いたこの景色。感慨深いものがありました。

その後も何度かこの地を訪れていますが、エズの熱帯植物園から地中海の美しく青い景色を眺めるたび、「あのときは大変だったたな〜」と懐かしく思い出すほど思い入れのある村なのです。

chez

RUE
PRINCIPALE

L'été
No.10 Sault
ラベンダー ①
村中が香りに包まれる一日
ソー
パリ
Paris
ナント
Nantes
ストラスブール
Strasbourg
ディジョン
Dijon
リヨン
Lyon
ボルドー
Bordeaux
トゥールーズ
Toulouse
マルセイユ
Marseille
ニース
Nice

フランスに住んでから3年の月日が経ったころ、「そういえば、あれだけプロヴァンスに行っているのに一度もラベンダー畑を見たことがないな」と気がつきました。

この村を訪れた年はなにかと忙しく、ゆっくりとバカンスに出かける時間がつくれそうになかったので、オーヴェルニュから険しい山道を南下して、短いバカンスをプロヴァンスで過ごそうということになりました。

ラベンダー畑を見に行くと決めた私が真っ先に思いついたのは、セナンク修道院。12世紀半ばに創設されたカトリック・シトー会派の修道院で、ロマネスク様式の簡素な建物の前に一面に広がるラベンダー畑は圧巻。できれば、ラベンダーが満開の時期に訪れ、この美しさを堪能してほしいと思います。このラベンダーから作られる精油は、修道院の収入源の一部になっているそうです。セナンク修道院は日本でも大変有名で、私が訪ねたときも多くの人でにぎわっていました。

ですが、私の見たかったのはもっと自然な、いわゆる「農作物」としてのラベンダー。

そこで、さらに東へと車を走らせ、ソー村まで行くと、少しずつラベンダー畑らしい風景が見えてきました。

ソー村では毎年、ラベンダーの最終収穫日である8月15日に収穫祭（ラベンダー祭り）が開かれています。

このお祭りはもともと、《la petite fleur bleue（小さな青い花＝ラベンダー）》をプロヴァンスの象徴にしよ

うと1985年から始まったもの。それが今では大成功を収め、毎年多くの観光客がこの小さな村に訪れるようになりました。

この日は一日中、村中がラベンダーの香りに包まれます。

それもそのはず。ラベンダーはそのままではあまり香りがしないため、わざと村の店の前などにラベンダーをまき、観光客がその上を歩くことによって村中に香りを漂わせているのです。これには観光客も大喜び。

お祭りでは、ラベンダー早摘み大会、プロヴァンス地方の衣装を着た人たちによるパレード、ラベンダーを主体としたマルシェ（市）が開かれ、ラベンダー好きにはたまらない一日になります。

もちろん、お祭りではない日に訪れても、開放感あふれるプロヴァンス気分をたっぷり味わえる場所です。

L'été
No.11 Moustiers-Sainte-Marie
ラベンダー ②
星に守られる村
ムスティエ・サント・マリー
パリ
Paris
ストラスブール
Strasbourg
ナント
Nantes
ディジョン
Dijon
リヨン
Lyon
ボルドー
Bordeaux
トゥールーズ
Toulouse
ニース
Nice
マルセイユ
Marseille
CONSEIL NATIONAL
Village Fleuri
DES VILLES ET VILLAGES FLEURIS
最も美しい村

ソーからさらに東に車を走らせ、「最も美しい村」の一つ、ムスティエ・サント・マリーへ。それまで知らなかったのですが、この道にこそ本当に美しいラベンダー畑があったのです。

デュランス川とヴェルドン川に挟まれたヴァランソル一帯は、まさに紫の大地。地平線まで続いていそうなラベンダー畑を初めて見たときは、心から感動しました。

ちなみに、ヴァランソルではラベンダーの一種である「ラヴァンダン」と

いう品種の栽培が主流です。1本の茎に1つしか花が咲かず、乾燥した山岳地帯でないと生息しないラベンダーに対して、茎が三つ又になったラヴァンダンは低地でも育ち、たくさんの花をつけるのが特徴です。

どこまでも続くラベンダー畑を眺めながら何度も続くカーブを曲がると、突如、目の前にそびえる断崖絶壁の中に村が現れました。今までの優雅な気分を一掃する、ヨーロッパでいちばん深いヴェルドン峡谷（深さは約700～800メートル）にあるムスティエ・サント・マリーです。

この村にそびえる2つの断崖の間には鎖が架けられ、星がぶら下がっています。この星が掲げられた理由は諸説ありますが、最も有名な伝説は、サラセン（イスラム）の捕虜となっていたブラカス騎士が、「もし、無事にムスティエに戻れたら、聖母マリアに星をささげる」と誓い、無事に帰還した際に約束どおり星を掲げたという話。

当初は十六角形だったようですが、オリジナルの星はやがて谷底に沈み、現在のものは1882年に掲げられたものです。

秘境の村として有名なムスティエ・サント・マリーを語るうえでもう一つ欠かせないのは、村の特産品であるファイアンス焼。柔らかい白地に鳥や植物の絵柄が描かれているのが特徴で、オリーブオイルとともに人気のあるお土産の一つです。

ファイアンス焼は中世に開窯され、その後200年間にわたり王族にも寵愛されるのですが、19世紀初頭に入るとイギリスの陶磁器の流行の波に押され、1873年には一度、すべての窯が閉鎖されます。その後、20世紀初頭にこの村を愛した歴史家・作家のマルセル・プロヴァンスが窯の再興を果たし、現在は『ボンディル』をはじめ約20窯が存在しています。

村の中の道の名前を示すプレートもファイアンス焼で作られており、その愛らしさは必見です。

Lallier Faïencier
à Moustiers
marque déposée
Artistic Handicraft
Handwerkliche Kunst
Entrée
Libre
Entreprise
du Patrimoine
Vivant
EPV
Label d'État
L'excellence
des savoir-faire
français
Institut supérieur
des métiers
Lallier-Moustiers
Depuis 1946
Trois générations
d'artisans faïenciers
Le savoir-faire des métiers d'art
Visite guidée des ateliers

L'été
No.12 Yvoire
アジサイ
「4つ花」に輝く村
イヴォワール
パリ
Paris
ストラスブール
Strasbourg
ナント
Nantes
ディジョン
Dijon
リヨン
Lyon
ボルドー
Bordeaux
トゥールーズ
Toulouse
マルセイユ
Marseille
ニース
Nice
CONSEIL NATIONAL
Village Fleuri
DES VILLES ET VILLAGES FLEURIS
最も美しい村

スイスとフランスに囲まれるような三日月形の湖、レマン湖。そのほとりにあるのが4つ花レベルの「美しい花の村」、イヴォワールです。

私はアジサイが大好きで自宅の庭にも多くの種類を植えているのですが、この村にたくさんのアジサイがあることを知って以来、ずっと行きたいと願っていた場所でした。


村には中世の城壁や遺跡が残り、石造りの家並みが続きます。城壁に囲まれた村の中だけでなく、村の外れにある庭の美しいこと！　アジサイがたくさん咲いている写真を夢中で何枚も撮りました。湖の真ん前にあった家の庭でも、鮮やかなアジサイが目を楽しませてくれます。それは想像以上のことで、さすがに4つ花レベルの花の村だなとつくづく感心しました。

石造りの家々の2階には木製のバルコニーや窓があり、フランスの風物詩でもある窓に飾られたゼラニウムも、イヴォワール村に彩りを添えます。私は、窓辺のちょっとした景色が大好きで、上を見上げるたびに写真が撮りたくなってしまいます。

ところで、日本にいたころから青いアジサイが大好きだった私。フランスのわが家の庭にも、青いアジサイを植えました。ですが、何度植えても青からピンクに花の色が変わってしまいます。土壌を改良するためにごっそり土を入れ替えるなどいろいろチャレンジしましたが、残念ながら思うような色にはなりませんでした。

そこで、大好きな青を残すために思いついたのが、ドライフラワー。アジサイは、花が咲いてから咲き終わりまで、さまざまな色に変化していきます。少しでも青や紫の花を見つけると、カットしてドライフラワーに。そこからアジサイのリース作りにはまり、今では多様な色のアジサイを楽しんでいます。

村めぐりとともに、ますます私のアジサイ熱は高まりそうな予感がしています。

HOTEL
RESTAURANT
PORT

L'été
No.13 Villefranche-sur-Mer
ブーゲンビリア
圧倒されるピンク色の壁
ヴィルフランシュ・シュル・メール
パリ
Paris
ストラスブール
Strasbourg
ナント
Nantes
ディジョン
Dijon
リヨン
Lyon
ボルドー
Bordeaux
トゥールーズ
Toulouse
マルセイユ
Marseille
ニース
Nice
Ville Fleurie
TRASTEVERE

もともと、野に咲くシンプルで飾り気のない花が好きだった私。しかし、ボルム・レ・ミモザの村（26ページ参照）を訪れてからブーゲンビリアにも惹かれるようになりました。真っ青な地中海と美しいピンクの花のコントラストは、「いかにもコート・ダジュールの夏！」という雰囲気が漂います。

中でも、ヴィルフランシュ・シュル・メールという小さな漁師町では、壮大なブーゲンビリアに出合うことができます。この町は、小さいながらもニースの喧騒から逃れ、バカンスを楽しむ人たちでいつもにぎわいます。そんな海沿いのおしゃれなレストランやカフェを眺めるのも一つの楽しみ。私も、海を眺めながらキンキンに冷えたレモネードを飲むのが大好きです。

入り組んだ古い家並みから、ときどき立ち止まっては海を眺めるのも風情があっていいものです。海風に吹かれながらふと空を見上げると、窓辺に飾られた花が目に入ります。また、海沿いには14世紀初頭に建てられたサン・

ブーゲンビリア ／ No.13 ヴィルフランシュ・シュル・メール（Villefranche-sur-Mer）

ピエール礼拝堂がありますが、この小さな礼拝堂の改装はあのジャン・コクトーが手がけ、観光客に非常に人気があります。

海沿いをブラブラ歩いていると、町とは反対側のビーチにピンクの壁が見えてきます。「何だろう？」と思って近づいてみると……。ビーチ沿いにある線路の壁面一面に咲くブーゲンビリアでした。壁伝いに咲くブーゲンビリアは本当に圧巻！　町から少し歩かなくてはなりませんが、行ってみる価値は十分あります。

RISTORANTE
PIZZERIA

ブーゲンビリアのある風景

ヴィルフランシュ・シュル・メールから少し西へ、ニースとカンヌの間にあるカーニュ・シュル・メールとその周辺にも、芸術家とゆかりの深いブーゲンビリアの見どころがあります。

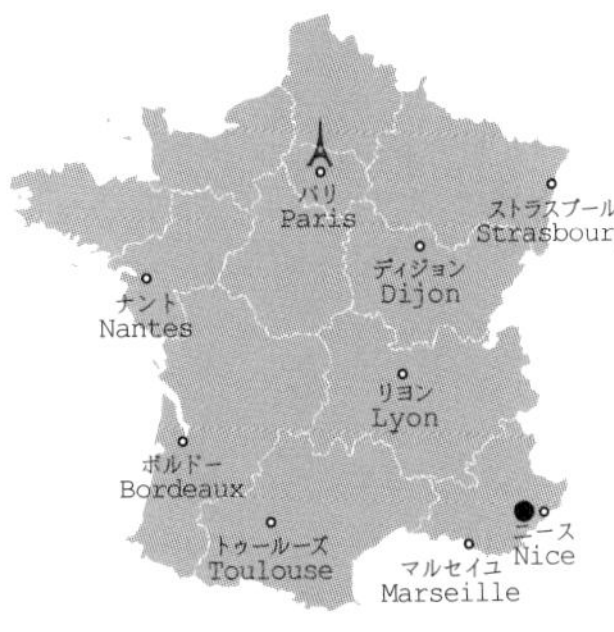

L'été
No.14
Cagnes-sur-Mer

Ville Fleurie

ルノワールが愛した風景

カーニュ・シュル・メール

ここには、ピエール・オーギュスト・ルノワールが晩年を過ごした美しいオリーブ畑が広がるコレット荘があり、現在は美術館として公開されています。

その丘の上にあるこの町で最も古い地区、ル・オー・ド・カーニュにもブーゲンビリアの美しい場所がいっぱい。1948年に歴史指定地区の登録を受けたこの場所は海沿いの華やかな雰囲気とは違い、落ち着いた石造りの家が建ち並びます。この情景を眺めると、いかに南仏が多くの芸術家たちに愛されてきたのか実感するのです。

Cagnes-sur-Mer

L'été
No.15
Saint-Paul de Vence

シャガールが眠る村

サン・ポール・ド・ヴァンス

パリ Paris
ストラスブール Strasbourg
ディジョン Dijon
ナント Nantes
リヨン Lyon
ボルドー Bordeaux
トゥールーズ Toulouse
マルセイユ Marseille
ニース Nice

ル・オー・ド・カーニュからさらに続く山道をのぼっていくと、この地に20年住んで亡くなったマルク・シャガールが眠るサン・ポール・ド・ヴァンスが見えてきます。この村の特徴は、なんといっても石畳。道を歩いているだけで、路上に描かれた多くの石の花にまで出合うことができます。

村の中はかわいいお店がいっぱいで、常に多くの観光客でにぎわっています。そんな喧騒を逃れ、一歩、村の外周を歩いてみると花に囲まれた家がいっぱい！　特にブーゲンビリアとジャスミンのコラボレーションは美しく、まるで滝のように花が降り注いできます。

L'été
バカンスに訪ねたい花の村

【夏山を彩る花】 シャモニー・モン・ブラン (Chamonix Mont Blanc)
【川沿いの花の村】 ベナック・エ・カズナック (Beynac-et-Cazenac) ／ カステルノー・ラ・シャペル (Castelnaud-la-Chapelle) ／ ラ・ロック・ガジャック (La Roque-Gageac) ／ ドンム (Domme)
【運河を彩る花の村】 アヌシー (Annecy)

山の暮らし――動物と人間の共存

オーヴェルニュに住んでから、ぐっと山に親しむ機会が増えた私。わが地方にはフランス中央山塊があり、標高1800メートル近い山々が続きます。私の住んでいる村も標高が650メートルあり、裾野の小さな街を見おろすことができます。もともと火山帯である中央山塊は、モン・ブランを抱く険しいローヌ・アルプ地方の山とはひと味違う穏やかな山容が特徴。その違いは、大地を見渡すと一目瞭然で、なだらかな高原が果てしなく広がり、ウシやヒツジたちが肥沃の大地で育った牧草を悠々自適に食べている姿が見られます。

私がこちらに住んで間もないころ、大人はもちろん、子どもと動物との距離が近いことにびっくりしました。農家の子

どもたちは、幼いころから親の仕事を見よう見まねで覚えていきます。
ときには動物のほうが、子どもたちの様子を優しく見守っているように見え、その姿に心が温かくなるのです。

以前、訪れたオーヴェルニュの小さな村には、アンゴラヤギを育ててモヘアの毛糸を作っている女性がいました。ヤギの毛は2月と8月に刈るそうで、私が訪れた2週間前に毛を刈ったばかり。ヤギは臭いがきついイメージがありますが、その子ヤギたちはとても清潔に育てられ、触っても手が臭くならずに驚きました。

ママのお手伝いをしている少年に「ヤギが好きなの？」と聞くと、「うん！」と答えるなりヤギの隣にゴロン。ママに叱られた夜には、こっそり部屋を抜け出し、彼らの隣で寝ていることもあるそうで、楽しそうにヤギたちと戯れる姿

はまさに兄弟のようでほほえましかったです。私は、その小さな先生から、刈られた毛についているワラやゴミを取り除く作業を教えてもらい、見よう見まねで手伝いました。柔らかい毛を大切に扱う彼の優しいまなざしは、今でも忘れられません。

村では、牧羊犬たちも大活躍！　イヌたちが誇りを持って自分の仕事をしている姿を見るにつけ、人と動物との長い共存の歴史について考えさせられました。

このように山での暮らしは動物と密接にかかわることも多く、もともと動物好きの私ではありましたが、よりいっそう「動物たちも家族なんだ」と感じるようになりました。

私たちが忘れてしまった何かを、ここオーヴェルニュの小さな村で思い出させてもらうのです。

L'été
No.16 Chamonix Mont Blanc
夏山を彩る花
つかの間の夏にあふれる色
シャモニー・モン・ブラン
パリ
Paris
ストラスブール
Strasbourg
ナント
Nantes
ディジョン
Dijon
リヨン
Lyon
ボルドー
Bordeaux
トゥールーズ
Toulouse
ニース
Nice
マルセイユ
Marseille
CONSEIL NATIONAL
Ville Fleurie
DES VILLES ET VILLAGES FLEURIS
RESTAURANT
CAP-HORN
HOTEL ALPINA

山といえば、意外に感じるかもしれませんがシャモニー・モン・ブランも花の美しい町です。町の真ん中を流れるアルヴ川の周りには、色とりどりのペチュニアやキバナマーガレットが飾られ、華やかな雰囲気が漂います。1924年に冬季オリンピック第1回大会が開催されたこの地は、1786年8月8日にモン・ブランが初登頂されてから現在のスポーツとしての登山が始まったとされるため、登山発祥の地としても有名です。山道を歩くと、野生の紫のカンパーニュや真っ白なセイヨウノコギリソウなど、美しい高山植物を楽しむことができます。

登山鉄道やロープウエーを使って、メール・ド・グラス氷河や、富士山より高い標高3842メートルにあるエギュイ・デュ・ミディ展望台からの素晴らしい眺望を楽しむのがおすすめです。

私が初めてメール・ド・グラス氷河を訪ねたのは、2016年の夏。朝いちばんのモンタンヴェール登山鉄道に乗り、標高1913メートルまで一気にのぼります。駅に到着すると朝日がやっと出てきたところで、まだ山全体がブルーに輝いていました。本来ならここからロープウエーに乗って氷河までおりる予定でしたが、早朝なのでまだ動いてない！　というわけで仕方なく歩くことに。山道の途中には氷河のあった位置を示す1800年代からの看板があり、刻々と進む氷河の後退を目の当たりにし、地球温暖化の実態を肌で感じた瞬間でした。

さて、ヨーロッパアルプスの最高峰、モン・ブランを間近に望むことができるエギュイ・デュ・ミディ展望台までは、ロープウエーを乗り継いで行きます。ここの目玉は、床までスケルトンになったガラス張りの展望スペース。案内標識には「高所恐怖症など敏感な方が上にのぼることは禁止されています」と書かれていましたが、とにかく絶景です！　冬はもちろんスキー客でにぎわっていますが、つかの間の夏の景色は本当に素晴らしく、花の町と山の眺望を同時に味わうことができるなんともぜいたくな場所です。

ARVE IMMOBILIER
immobilier
weiss

RESTAURANT
BRASSERIE RESTAURANT

川辺の休日

2カ月半近くある夏のバカンスの間、まだ母親と一緒に暮らしていた下の子が遊びに来るのを楽しみに待っていた私。

とにかく社交的な子で、いつも静かに家の中にいるお姉ちゃんとは違い、朝起きた瞬間から「今日は何をしよう」と一人でしゃべりまくるのが日課でした。

朝ご飯が終わるとすぐに外に飛び出し、村の公園で道ゆく人たちと親しげにビズしている姿をキッチンの窓から見るにつけ、「この子ならどこに行っても平気だな」と上の娘と一緒にほほえましく眺めていました。

さて、夏の間は夫が友達とよく近くの川に魚釣りに出かけます。

春先から釣れるマスやカワカマスなど

の戦利品を、子どもたちの大好きなソーセージと一緒に川辺でバーベキューにするのが、わが家の楽しみ。ときには、近所に住む姪っ子も引き連れ、みんなでびしょぬれになりながら川遊びを楽しんだのは今でもいい思い出です。

このように、私にとって川は身近な存在です。フランスも日本のように多くの川が流れていますが、いちばん有名なのはパリに流れるセーヌ川でしょう。しかし、フランスにはまだまだ知られていない美しい川や運河がたくさんあります。

オーヴェルニュのカンタル県にあるロット川には、エッフェル塔を建てたギュスターヴ・エッフェルがデザインしたガラビ橋が架かっています。

また、フランス南部を流れるタルン川には、世界一高い橋として知られているミヨー橋があ

ります。タルン川渓谷を越え、クレルモン・フェランとベジエを結ぶ美しいルートです。

ミヨー橋の主塔はエッフェル塔や東京タワーよりも高い３４３メートル。霧がかかった姿は幻想的で美しく、日本のテレビコマーシャルにも使われるほど有名です。

ミヨー橋からルートＡ75沿いにずっと下っていくと、ベジエという街にたどり着きます。この街には、美しい運河として知られるミディ運河があります。

河の中でも、とりわけ有名なポン・カナル・ドゥ・ロルブがあります。

川の上を十字に横切る石橋に見えるのは、運河。その上を船が渡っていくのを下から見ると、道路の上を船が走っているように見えます。逆に水をたたえた橋上の運河から眺めると、まるで川が立体交差しているように見えるため、観光客に大人気です。

L'été
No.17 Beynac-et-Cazenac
川沿いの花の村 ①
道端の花に導かれて山頂へ
ベナック・エ・カズナック
パリ
Paris
ストラスブール
Strasbourg
ナント
Nantes
ディジョン
Dijon
リヨン
Lyon
ボルドー
Bordeaux
トゥールーズ
Toulouse
マルセイユ
Marseille
ニース
Nice
最も美しい村

フランスにおけるバカンスの過ごし方として海や山とともに人気があるのが、川のクルージングです。特にフランス南部、アキテーヌ地方のドルドーニュ県を流れるドルドーニュ川の周りは多くの美しい村が点在しています。その中の一つ、中世の家並みが残るベナック・エ・カズナックは、毎年多くの村を訪れている私にとっても「好きな村ベスト5」から外すことができないほど大好きな村です。

バカンスに訪れたキャンプ場の散歩道から望むと、静かなドルドーニュ川の中をクルージング船がゆっくりと進んでいました。この川面に映る村の美しいことといったら！　村の中には、まるで小人が住んでいそうなかわいい家が点在していますが、見かけにだまされてはいけません。村の名物でもある急な坂道はかなりハード。それでも道端に植えられた花々を楽しみながら、かつて要塞だったベナック城までのぼりきると、そこから眺めるドルドーニュ川の美しさに見ほれることでしょう。

L'été
No.18 Castelnaud-la-Chapelle
川沿いの花の村 ②
ジャスミン咲く中世の村
カステルノー・ラ・シャペル
パリ
Paris
ナント
Nantes
ディジョン
Dijon
ストラスブール
Strasbourg
リヨン
Lyon
ボルドー
Bordeaux
トゥールーズ
Toulouse
マルセイユ
Marseille
ニース
Nice

ベナック・エ・カズナックからドルドーニュ川を上流に行くと、「最も美しい村」に加盟している村の一つ、カステルノー・ラ・シャペルがあります。私が訪ねたときには、ちょうどジャスミンが満開。風情あふれる石壁を覆い尽くすように、真っ白な花が咲き誇っていました。

この村のシンボルともいえるカステルノー城の歴史は、13世紀初めにさかのぼります。一度はボルドー大司教の命令で焼かれてしまいますが、13世紀中に再建されたそうで、当時の主塔部分と幕壁がいまだに残っています。現在、この城は中世の戦禍の歴史にまつわる貴重な資料を展示する博物館として公開されています。

ちなみにフランス革命が終わったころに城は一時期、採石場になりました。1832年にカステルノー村が解放され、河港に船台を建てることになったときには、新たに石材を切り出すより楽だと、この城の南側の石をとってきては斜面をコロコロ……想像するとなんだか面白いですね。

L'été
No.19 La Roque-Gageac
川沿いの花の村 ③
川沿いの崖にあやなす家並み
ラ・ロック・ガジャック
パリ
Paris
ナント
Nantes
ディジョン
Dijon
ストラスブール
Strasbourg
リヨン
Lyon
ボルドー
Bordeaux
トゥールーズ
Toulouse
マルセイユ
Marseille
ニース
Nice
Village Fleuri
最も美しい村

カステルノー城からドルドーニュ川を望む対岸には、川に沿って細長く広がるラ・ロック・ガジャックがあります。この村は、断崖に貼りつくように家々が建ち並ぶ景観が特徴で、船に乗って全体を眺めたくなります。

ここでもジャスミンをはじめとしたさまざまな種類の花たちが私を歓迎してくれました。

この地を訪れるたび、「よくこんな場所に村を造ったな」と思わずにはいられません。人気の村でもあるため観光客も多く、車道が狭いうえに路上駐車も。キャンピングカーがすれ違い、私自身、何度も「ひかれるかも！」とひやひやしました。


ラ・ロック・ガジャックがあるアキテーヌ地方のドルドーニュ県には、山の岩肌をくり抜いて住居にしていた跡地がたくさん残っています。

今では大量の鳥たちのすみかで、私が訪れたときにもツバメがたくさん飛んでいました。

L'été
No.20 Domme

川沿いの花の村 ④

城壁を抜けて花の世界に

ドンム

ラ・ロック・ガジャックからドルドーニュ川に沿ってもう少しさかのぼると、「最も美しい村」に加盟しているドンムがあります。こちらも花の美しい村です。この村は1281年にフィリップ3世によって築かれ、「アルビジョワ十字軍（＝アルビ派）」の時代には、独自の硬貨を有する特権を持っていたそうです。

村の魅力は、この城壁。なんともいかめしい姿ではありますが、この城壁を抜けると予想に反し、色とりどりの花の世界に誘われます。門が多い村なので、写真を撮ろうとすると、他の観光客と門の反対側からカメラを向け合うこともしばしば。ですが、そこから互いに譲り合い、楽しいおしゃべりが始まったりします。

なお、アキテーヌ地方のドルドーニュ県ではラスコー洞窟を筆頭に、さまざまな洞窟があり、観光客に人気。ここドンム村でも、中心部にあるオフィス・ド・ツーリズムの近くから洞窟に入ることができます。

L'été
No.21 Annecy
運河を彩る花の町
黄色い傘の水中花
アヌシー
パリ
Paris
ストラスブール
Strasbourg
ナント
Nantes
ディジョン
Dijon
リヨン
Lyon
ボルドー
Bordeaux
トゥールーズ
Toulouse
ニース
Nice
マルセイユ
Marseille
Ville Fleurie

フランスには、美しい川や運河とともに美しい湖もあります。中でもいちばん有名なのがフランス東部、スイスとの国境にあるアヌシー湖。ヨーロッパ随一の透明度を誇りますが、本当に「青い」としか言いようがありません。

いくつかの運河が走るアヌシーの街並みは、「フランス（アルプ）のヴェニス」と呼ばれるほど美しく、青い湖から引いたティウー運河には多くの花が飾られ、「花の村」として観光客を魅了します。

ティウー運河を花につられながら歩くと、目の前にかつて牢獄だったパレ・ド・リルが現れます。ここを旅したときは、運河の中に黄色い傘の「水中花」が飾られていました。このように、町をあげての花を飾る取り組みは訪れる者を楽しませてくれます。

運河沿いに軒を連ねる旧市街は12世紀から17世紀に建てられた街並みで、細い路地を見つけるたび、ついつい寄り道したくなります。

アヌシー湖といえば、やはり「ポン・デ・ザムール」を抜きにしては語れません。恋人たちの橋、愛の橋と呼ばれますが、近くで見るより、断然、町側の少し離れた場所から見るのがロマンチックです。記念写真を撮るカップルのあまりのラブラブっぷりに当てられますが、その情景はまるで物語を見ているようで、こちらまで幸せを感じます。

橋の傍らからは遊覧船が出ているので、ぜひ乗ってみてください。美しい山々の緑と青い空と湖に包まれ、素晴らしい自然を体感できるでしょう。

Courrier

～Le potager～ 夏のオーヴェルニュより

冬に土を作り、春に種を植え、夏は畑の野菜たちがぐんぐん成長のときを迎えます。この時期、とにかくいちばん大変なのが「水やり」です。南仏に比べると、春や夏の雨量が多いオーヴェルニュでも、やはり真夏の水やりは大変です。

雨水をタンクに貯め、それでも足りないときは畑にある井戸水をくみ上げて使います。夏のバカンス時には1カ月以上家を留守にすることもあるので、最も困るのがこの水やりなのです。

バカンス先では晴れてほしいですが、自分たちの畑には雨が降ってほしいと、なんともぜいたくな神頼みをしたくなります。

そのため、バカンスに出かける前には収穫できそうなものをさっさと収穫し、タイミングを見計らって出かけるようにしています。基本的にわが家はキャンプ場に行くので、ホテルなどの予約に縛られることなく、自由がききやすいのかもしれません。

水やり以外にも大変なのは、太陽が落ち始めると姿を現す野生のウサギたち。去年は近くの畑に50匹以上いて野菜を食い荒らし、近隣の農家は困っていました。

私はウサギを飼っているほど好きなのですが、さすがにこれはたまったものではありません。そのため、ウサギ対策としてネットを張ったり、風に吹かれて音が鳴るよう缶をぶら下げていたり。遠くで見ている分には『ピーターラビット』の世界で、本当にかわいいのですけれど。

さて、夏の終わりになると、さまざまな野菜が収穫可能になります。トマト

は夏野菜のイメージがありますが、わが家で収穫できるのは、夏の終わりから秋にかけて。逆に、タマネギやエシャロットは7月の中旬にもなれば収穫が始まります。これを天日で乾かして貯蔵庫の中に保存。春先までさまざまな料理に使います。

畑仕事をするようになってからは、その年の気候や自然環境の変化に驚くほどよく気づくようになりました。

日本で生活していたころは、野菜といえば買うのが当たり前でしたが、こうして自分たちで作っていると、農家の皆さんの苦労がほんの少しわかるようになってきました。形が悪くても傷が入っていても、自分たちで育てた無農薬野菜は、野菜本来の味がして、とてもみずみずしい！　ですから、できる限り大切に食べきりたいと考えるようになりました。

旬の野菜を無駄にしないためにも、保存食作りは私の大切な仕事。もともと雪深いこの地域では、冬の間、何日も外出できずに新鮮な野菜を食べることが難しかったことから、生活の知恵として保存食を作っていたようです。そのため、わが家でも、夏の間に収穫した野菜や果物を保存食にしておく習慣があります。

その中の一つが、トマトソース作りです。夫は、周りからも「トマト王」と呼ばれるほどトマト作りが得意。そのため、毎年恐ろしいほどの量のトマトがとれます。これらを腐らせると夫婦ゲンカに発展してしまうので、ある程度、たまったところで一気にトマトソースを作ります。

畑でとれたハーブ類やエシャロット、ニンニクなどと一緒にコトコト煮

込み、保存ビンに移し替えて保管します。トマトソースをさらに煮詰めればピザソースにもなるため、市販品は一切買いません。ピザには自宅でとれたハーブをトッピングしますが、中でも特にお気に入りがローズマリー。これがあるのとないのとでは断然、口に入れたときの香ばしさが違います。

ズッキーニやナスがとれ始めると、今度はラタトゥイユ作り。こちらも大量に作って保存します。食べるときには、ソースの中に普通のソーセージやヒツジ肉にスパイスをきかせた「メルゲズ」と呼ばれる赤いソーセージを入れて再び煮込み、フランス南部の穀倉地帯、カマルグでとれた黒米やクスクスと合わせます。

そのほかに、インゲンの水煮も大量に作ります。よく洗ったインゲンのヘタを取ってビンの中にぎっしり詰め、こぼれるくらいの水を注ぎ込み、塩をひとつまみ。深鍋に密閉したビンを入れ、上からまた水をたっぷり注ぎ込み、100度で約1時間半煮ます。

わが家にやってきたころは、ほとんど野菜が食べられなかった下の娘。それまでずっと缶詰の野菜ばかり食べていたらしく、とにかく生野菜が苦手でした。彼女を引き取ってから、毎日少しずつ少しずつ、だましだまし……半分、ケンカしながら食べさせていた私。野菜が食べられない彼女を夫と2人で庭に連れていっては、何度も野菜が実ったところを見せて試食させました。

それはそれは長い闘いで、「スーパーマーケットに行けば簡単に買えるのに、どうしてこんなことをしなきゃいけないの！」と、よく怒ったものです。最初のうちは畑に行くのを嫌がっていた娘も、次第に自分の手でもぎ取った野菜は、口に入れるようになりました。

今でもまだまだ食べられないものはありますが、それでも自分から進んで野菜を食べるようになったことはうれしい出来事でした。

釣りが趣味の夫はさまざまな川魚を釣ってきますが、子どもたちがいちばん楽しみにしているのはザリガニです。オーヴェルニュの美しい川の中にいるザリガニは全く臭みもなく、わが家の食卓にたびたび登場します。

こんなふうに、自然から分けてもらった食材でシンプルな食卓が楽しめるのも、フランスの田舎暮らしのいいところだったりします。

L'automne

秋

【ブドウ】ブド (Boudes) ／ サン・シル・ラポピー (Saint-Cirq-Lapopie)
【紅葉】ラヴォデュー (Lavaudieu) ／ サレール (Salers)
【キノコ】サルラ・ラ・カネダ (Sarlat-la-Canéda)

まだ少し、残暑が残る9月の中ごろ。

村の中にせわしない鳥の鳴き声が聞こえてきます。ツバメたちの旅立ちの歌です。

これが聞こえると、ツバメたちとは春までお別れ。

村の家の軒下を間借りしていたツバメたちは、まるで皆にお礼を言っているかのように、最後に大きく村の中を何度も旋回します。それはもう見事な光景で、窓を開けていると中に入ってくるツバメがいるほど。

ひととおり、あいさつを終えると、まるで満足したかのように暖かい地域に向けて旅立っていきます。


「あぁ、秋が来るんだな……」

空を見ながら、季節の変わり目を感じるこの小さなひととき。

そろそろ、冬ごもりの準備が始まります。

来年の春、彼らがまた村にやってくるのを楽しみに待ちながら、村で冬を過ごす小鳥たちのためにエサの準備をしてあげないといけません。

「En hiver, n'oublions pas de nourrir les petits oiseaux !」

(冬、小鳥たちにエサをあげるのを忘れないで!)

このフランスのインテリア雑誌に書かれていた一文に、いかにも野鳥が好きなフランス人の気質が表れていて、クスッと笑ってしまいました。

ツバメの旅立ちは、わが村の秋の風物詩です。

L'automne
No.22 Boudes
ブドウ ①
ブドウ畑はオレンジ色のじゅうたん
ブド
パリ
Paris
ストラスブール
Strasbourg
ナント
Nantes
ディジョン
Dijon
リヨン
Lyon
ボルドー
Bordeaux
トゥールーズ
Toulouse
マルセイユ
Marseille
ニース
Nice

フランスといえば、やはりワイン。私が住んでいる村があるオーヴェルニュのAOCワイン「コート・ドーヴェルニュ」の産地の一つであるブドの周辺では、秋になると丘の斜面に広がった一面のブドウ畑が、まるでオレンジ色のじゅうたんを広げたように美しく紅葉します。「AOCワイン」とは、ブドウの品種や栽培方法、醸造方法など、産地の個性を守るための法的な規制に基づき、原産地で正当に生産されたものであることを証明するもの。ブド村にはいくつかのワイン農家があるだけでなく、一般家庭でも自宅で楽しむワインが造られています。

ある秋の一日、知り合いの農家を訪ね、家族で楽しむワイン造りの作業を見せてもらったことがあります。

そのとき造ったのは赤ワイン。収穫したブドウをサイロで8日間寝かせ、圧搾機にかけて果汁を搾ります。サイロから圧搾機のある場所まで桶いっぱいのブドウを何度も運ぶのは大変な重労働。なのに、それを軽々とこなすフランス女性のたくましさといったら！　私も持ち上げてみましたが、あまりの重さに悲鳴を上げました。こうして運んだ大量のブドウは、圧搾機にどんどん投げ入れていきます。「全部入るのかな？」と心配していると、突然この家のご高齢のマダムが完全装備をし、樽の上によじのぼったのです！　さっきまで腰を曲げて歩いていたとは思えない足つきでブドウを踏みつぶしていく姿は、感動の言葉以外ありませんでした。

圧搾機にかけられたブドウから搾り出された果汁は、籠を使って種やゴミを取り除き、タンクに詰められて熟成の時を過ごします。

L'automne
No.23 Saint Cirq Lapopie

ブドウ ②

絶景の村の静かな秋

サン・シル・ラポピー

フランスにはワインの生産地として名高い場所だけではなく、どの村にも多かれ少なかれ小さなブドウ畑があり、玄関や庭先を飾るためにブドウが植えられているのをよく見かけます。このように、フランス人にとってブドウはとても身近な存在です。

ミディ・ピレネー地方の「最も美しい村」の一つ、サン・シル・ラポピーにはこれまで何度も訪ねていますが、この村でも意外なほど、ブドウのある景色を楽しむことができます。

蛇行するロット川を眼下に見おろすサン・シル・ラポピー村の古い家並みは、13世紀から14世紀にかけて造られた「中世の大金持ち」の家だったそう。15世紀に入り少し形を変えてからは、ずっとそのままの状態で保存されたそうで、その古めかしさから、まるでグリム童話の世界に入り込んでしまったような気持ちになります。

夏の観光シーズンはとにかく多くの観光客であふれていますが、美しいブドウの葉のシェードが強い日差しを遮ってくれて、なんとも合理的だと感じました。

一度、秋に訪れたとき、思いがけず美しい紅葉に出合いました。あれほどにぎわったバカンスの時期が終わり、人けのないテラスではブドウがたわわに実り、葉がすっかり秋色に色づいていました。

「最も美しい村」の名をほしいままにしているサン・シル・ラポピー。春や夏の美しさをご存じの方は、ぜひ秋の美しさも味わってほしいと思います。

静かな村の秋

秋の訪れを感じるのは、夏の間、村人たちがペタンクに興じる公園の２本のシンボルツリー、ニセアカシアが真っ黄色に色づくころ。フランスの紅葉はまさに「黄色」の世界。さまざまなグラデーションの黄色で彩られます。

フランスのおじさま方は、このフランス発祥の球技であるペタンクが本当に大好き。小さな村を訪ねると、たいていどこの村でもペタンクを楽しんでいる光景に出合います。

さて、秋の楽しみといえば、やっぱり焼き栗。秋の終わりから冬にかけてフランスに来たことがある方なら、街角で売られている焼き栗を一度は食べたことがあるのではないでしょうか？

私の住む村にある山の中では、秋になるとクリ拾いが楽しめます。私のクリ好きを知っている近所のおじさんが毎年、自分の山からたくさんのクリを持ってきてくれるのですが、ときには自分たちでもクリを拾いに出かけ、秋を満喫します。

わが家から山に入るまで、歩いて20分ほど。1時間から2時間かけて、クリを拾い集めます。

クリ拾いに行く時期はとても大切。おいしいものに関しては人も動物も競争で、ひそかなバトルが繰り広げられるのです。それでも、自然からの恵みは分かち合うのが暗黙の了解。もちろん、競争相手は動物だけではありません。

この日は下山中、別の村からのぼってきたご夫婦に出会いました。

「どれくらいとれました?」

そう言いながらお互い、相手の収穫量を気にしているのは一目瞭然。たわいない話をしながら別れたそのご夫婦は、スーパーマーケットの大きな袋3つも収穫していました。

村の中では、真っ赤なツタの紅葉も。わが村にはツタの紅葉がきれいな場所がたくさんあります。山で収穫したクリを持っていきながら、ご近所さんからツタの実を分けてもらうのもまた、村の秋ならでは。

こんなふうに秋のお裾分けを楽しんでいるうちに、落葉樹の葉が木枯らしに舞い、あたり一面を黄色く染め上げ、村の秋は静かに深まっていきます。

L'automne
No.24 Lavaudieu
紅葉 ①
歴史遺産が息づく美しい村
ラヴォデュー
パリ
Paris
ナント
Nantes
ディジョン
Dijon
ストラスブール
Strasbourg
リヨン
Lyon
ボルドー
Bordeaux
トゥールーズ
Toulouse
マルセイユ
Marseille
ニース
Nice
Village Fleuri
最も美しい村

きれいな紅葉が見られる村といえば、私の住むオーヴェルニュにある「最も美しい村」の一つ、ラヴォデューでしょう。

この村にはフランス中央部を流れるアリエ川の支流であるスヌイル川が流れ、春には川岸でキャンプを楽しむ人たちを見かけます。春は緑と花々にあふれる村なのですが、たまたま用事があって秋に訪れてみると、見慣れた風景とは全く違う秋の色合いに魅せられてしまいました。

多くのツタの葉が村に彩りを添え、かわいらしいレストランの看板に絡まるブドウの葉も赤や黄色に色づき始めていたのです。

この村には、11世紀から12世紀ごろ建てられたアベイ・サン・アンドレ修道院があります。色鮮やかなフレスコ画も残されており、歴史好きな方は必見です。見事な回廊もあり、人数制限をして1日3~4回、ガイドつきで回廊見学ができます。

この回廊の柱は形がまちまち。その理由は、たび重なる戦争により多くの柱が略奪され、売りに出されていたものを、少しずつ買い戻して修復しているからなのだそう。

写真をよく見ていただくとわかりますが、新しい柱は色が白っぽく、創建当時からの古い柱の色は、黒っぽかったり深いグレーだったりします。

修道院の正面にはアンティークミュージアムがあり、18世紀から19世紀ごろのオーヴェルニュの暮らしを垣間見ることができます。

L'automne
No.25 Salers
紅葉 ②
フロマージュ街道を行く
サレール
パリ
Paris
ナント
Nantes
ストラスブール
Strasbourg
ディジョン
Dijon
リヨン
Lyon
ボルドー
Bordeaux
トゥールーズ
Toulouse
マルセイユ
Marseille
ニース
Nice

ラヴォデューを後にしてさらに西へ行くと、オーヴェルニュにある「最も美しい村」の一つ、サレールがあります。

フランスには、「1年間365日、毎日違うフロマージュ（チーズ）が食べられる」といわれるほど、さまざまなフロマージュがあります（実際には、その3倍以上！）。ここは、「カンタル」と村の名を冠した「サレール」の産地。多くのフロマージュを産する地域で、「オーヴェルニュ・フロマージュ街道」があり、さまざまなフロマージュ農家や販売店を訪れることができます。

この村は遅い春を迎えると一気に花が咲き始め、火山石で造られた黒い石造りの家と美しい花のコントラストが人気です。

サレールは標高900メートル以上の高地にあり、わが家からこの村に行くためには、1100メートルをこえる雪深い地域を抜けなくてはいけません。そのため、春は4月になっても雪のために道路が閉鎖されていて、何度引き返したことか……。

そんなサレールの秋は、少し早めに訪れます。11月に訪ねたときも、山越えの道はすでに通行止めで、大回りしてようやくたどり着きました。村の展望台の木々はすっかり紅葉。それでも私の大好きなアジサイが秋を彩るため、けなげに咲き残っていました。

サレールの魅力は村だけでなく、道中の野に咲く可憐（かれん）な花や厳しい自然の中で、のんびり牧草を食べるサレール牛を眺めるのも楽しみの一つ。こんな景色の中でおいしいフロマージュを食す旅も、なかなかいいものです。

CANTAL

森の中のキノコ狩り

キノコは、わが家にとって欠かせない食材の一つ。春から霜がおりる秋の終わりまで、何度もキノコ狩りに出かけます。季節の移ろいとともに、とれるキノコもさまざま。私のブログでこんな話をすると、日本の皆さんから「毒キノコがあるから気をつけて！」とコメントをいただくのですが、キノコの判別が難しいのは確かです。山の中で知識がないのに簡単に探せるものではなく、食用キノコと毒キノコは似ているものも多いので注意をしなければなりません。私も最初は、キノコに触れる前に必ず夫に確認していました。

毒キノコの王様といえば、やっぱり真っ赤なベニテングタケ。これを見ると、ついつい童話の世界を思い出します。誰もいないシーンとした森の中で赤いキノコを見つけると、まるでそこに小人や妖精が隠れているような気がするのです。

フランスの田舎では、「キノコがとれる場所」は家族の中の大切な秘密。他人に自分たちの狩り場は教えません。子どもたちは幼いころからキノコ狩りに連れていかれて、食べられるキノコを親からしっかり教えてもらいます。夫も、父親から教えられてきたキノコしかとりません。

それでも村人同士の情報交換は大切なようで、秋になると、情報通の郵便配達のおじさんと夫が「どうやら今年はセップ（ポルチーニ）が豊作らしい」とか、「今日か明日にはとりに行ったほうがいい」などと、玄関先で楽しそうに話しているのを聞くこともあります。

秋の雨が降って数日経つと夫と一緒に秘密の場所に出かけるのですが、とっておきの場所はほかの家族も同じようで、道端に車が停まっていると、「あっ！　先を越された！」と夫が悔

しそうに言うのもお決まりのパターン。

秋の森に足を踏み入れると、そこはまるでファンタジーの世界。一瞬、どきっとするような怪獣やお化けに出合うのです。見ての通り、自然の造形が人の想像力をかき立て、架空の生き物を生み出すのだと感じずにはいられませんね。

「森は生きている」
よく聞かれる言葉ですが、自分が森の中に入るようになり、心からそう感じるようになりました。
ところで、「森の中のキノコ狩り」というと聞こえはいいのですが、実際はかなり大変です。キノコが周りの景色の中に溶け込んでしまい、最初はどこにあるのかわかりません。それでも、目が慣れてくると面白いように見つけられるのが、キノコ狩りの醍醐味です。

フランスに来て初めて知ったのは、「死者のトランペット」という黒いキノコ。なんとも不気味な名前は、どうやらこのキノコがとれる季節に関係があるようです。カトリック教会ですべての聖人を祝福する「諸聖人の日」にあたる11月1日の翌日は、「死者の日」と呼ばれています。フランスでは日本のお盆のように、家族でキクの鉢植えを手に、お墓参りをする習慣があります。その死者の日あたりにこのキノコがとれることから、「死者のトランペット」と呼ばれるようになったのだとか。

わが家の秘密の狩り場では、とにかくこのキノコがよくとれます。多いときには、10キロをこえることも。

フランスでは「セップ」と呼ばれる有名なポルチーニも、たくさんとれるキノコの一つ。ほかにも、傷をつけると「オレンジ色の血を流す」と例えられる「アカハツタケ」や、モリーユ（アミガサタケ）、「ヒツジの足」を意味するピエ・ド・ムトン、それに私の大好きな香り高いジロール（アンズタケ）など、さまざまなキノコがとれます。

たくさんとれたら、乾燥させたり火を入れたものを冷凍して保存します。もちろん、その日のうちに夜の食卓にのぼることもしばしばです。

実は、キノコ料理は夫の得意料理の一つ。〝死者のトランペット〟はウサギの肉と相性がいいのだそうですが、私がウサギを食べないので、トリ肉やブタ肉と合わせたり、夏の終わりに夫は、作ったトマトソースと一緒に煮込んだりしてくれます。

こんなふうに、夫婦で担当を分けて料理するのも楽しいものです。

L'automne
No.26 Sarlat-la-Canéda
キノコ
トリュフ祭りが開かれる美食の町
サルラ・ラ・カネダ
Ville Fleurie
パリ
Paris
ナント
Nantes
ディジョン
Dijon
ストラスブール
Strasbourg
ボルドー
Bordeaux
リヨン
Lyon
トゥールーズ
Toulouse
マルセイユ
Marseille
ニース
Nice

キノコの王様といえばトリュフ。フランスでは秋が深まってくると、各地でキノコ祭りが開かれます。

特に有名なのは、毎年1月の中旬くらいに祭りが開かれるフランス南西部、ヌーヴェル・アキテーヌにあるサルラ・ラ・カネダ。トリュフとともにフォアグラの産地でもあり、「美食の町」として知られています。

サルラ・ラ・カネダは、１９６２年に作家で当時のフランス文化大臣を務めたアンドレ・マルローが制定した通称「マルロー法」（正式には「フランスの歴史的・美的遺産の保護に関する法制を補完し、不動産修復を助けることを目標とする法律」）が適用された最初の町です。

これは、歴史的建造物と周囲の旧市街地の保護や修復、再利用を行うことによって、建物がある空間そのものを再生していこうという考え方。歴史的な環境の保全地区を制度化した法律として世界に先駆けたもので、その後、何度も試行錯誤を繰り返していくのですが、フランスで古い街並みを見られるのは、まさしくこうして国をあげて景観を大切にしてきたからでしょう。

トリュフ、フォアグラだけでなく、ここにはクルミやクリなど、おいしいものがたくさんあります。それだけに、小さな町なのにとにかく多くのレストランがあります。

ここの名物といえば、もともとは教会だった場所を利用した常設のマルシェ。大きな黒い扉の高さは、なんと17メートルもあります。

さっそく、中をのぞいてみると……私の大好きなジロールを見つけました。

　食用キノコの一種であるジロールは、アンズのような甘酸っぱい香りがすることから、日本ではアンズタケと呼ばれています。このジロールやセップ（ポルチーニ）などのキノコを使ったオムレツは、この地を訪れたら、ぜひ味わっていただきたいものの一つです。

Restaurant
Le Bistrot
FOIES GRAS
PERIGORD

Omelette
aux girolles
fraiches du Pays
12 €
servie avec Salade
verte et pommes
Sarladaises

Courrier

〜Le potager〜
秋のオーヴェルニュより

秋になると、わが家の畑は大地の恵みでいっぱいに。夫は収穫、私はその収穫した野菜や果物を処理していくのに大忙しの季節で、あまり遠出ができなくなります。秋から冬にかけ、カボチャやジャガイモは季節の主役。ジャガイモは種イモで300〜400個ほど植えます。

この時期になると、ナッツ類がとれるのも楽しみ。夏の間にぐんぐん実を太らせるノワゼット（ヘーゼルナッツ）は、わが家には野生種、園芸種の2種類があり、実が落ちるとおこぼれを待っていたリスがひょっこり姿を現します。もちろん、森の動物たちにも、ちゃんとお裾分けを置いておくことを忘れちゃいけません。
2本あるクルミの木からも、ポトリ、ポトリと実が落ちてきます。落ちたばかりの実は皮をかぶっていることが多いので、足でゴシゴシ。堅い実だけにしてから天日で乾かします。
これらのナッツ類は細かく砕いてサラダにかけたり、お菓子の中に入れたり。いつか、天然のクルミオイルも作りたいと思っています。

こうした木はどれも義父が植えたもので、多くはすでに樹齢50年をこえています。フランスの田舎では、こうして先祖から受け継いだ土地で、大なり小なり何らかの野菜を作っているのが一般的。夫も、子どものころから嫌々ながらも父親に畑仕事を教えてもらったそうで、今では畑仕事が大好きになりました。

村の中を歩いていると、思春期でちょっと生意気な時期を迎えた子どもたちが、ウマの毛をブラッシングしていたり、トウモロコシの収穫を手伝っていたり。こんな姿はとてもほほえましく、本来は優しい子たちなんだろうと感じる

のです。

わが家の畑ではまた、春から秋にかけてさまざまな果物もとれます。春のイチゴから始まり、サクランボにカシス、ラズベリーなど、一気に収穫期を迎えるため、生食だけでは追いつきません。秋には山や村の周りでも驚くほど多くの恵みを収穫することができるので、冬を前にしたコンフィチュール（ジャム）作りは欠かせない作業です。

この時期、村ではちょっと面白い光景が繰り返されます。ブラックベリーに似たミュールという実が色づくと、村を散歩しているマダムたちの様子が明らかに変わります。この実が散歩道で黒く熟し始めると、お互いに牽制し合うのです。誰しもいちばんおいしい時期にとりたいわけですから、ひとたび誰かがとり始めると、もう大変！　一気に散歩道のミュールがなくなるというわけです。のんきな私はいつも出遅れますが、散歩道のミュールはお歳を召したマダムに譲り、山に入ってとることにしています。

黒々としたミュールは、小さな粒の中に種がたくさん入っています。コンフィチュールを作るときに種を濾してしまうこともできますが、私は種ごと食べるのが大好き。隠し味に少しレモンを搾ります。

秋が深まると、私の庭にブドウの実がたくさんなります。このブドウは生で食べるには少し酸味が強いのですが、コンフィチュールにすると甘くなりすぎず、酸味がかえってほどよいアクセントになり、私のお気に入り。

ときにはご近所からいただいた別のブドウと混ぜ合わせることもあります。ブドウはもちろん皮ごと。この皮がたまらなくおいしいのですが、これも無農薬だからこそ安心して食べることができます。

冬が近づいてくると、村の入り口には私の大好きなコワンがたわわに実ります。私はずっと「コワン」のことをカリンだと思っていましたが、厳密にはマルメロというカリンによく似た果実。

コンフィチュールにするととてもおいしくて、私はヨーグルトに、子どもたちはパンにたっぷり塗って食べるのがお気に入りです。

実は、コンフィチュール作りも夫のほうがずっと先輩。私が日本にいたころに作っていたレシピとは全く違うので、一から教えてもらいました。村で暮らしていると、なぜコンフィチュールができたのかわかるような気がします。かつての貧しさからだけではなく、旬のおいしさを心から楽しみ、食べ物を無駄にしない精神を感じるのです。小さなビンの中に季節を閉じ込めてしまうコンフィチュールは、その季節に収穫できる果物を腐らせないための昔からの食品保存の知恵だと、身をもって感じます。

「買って作る」楽しみから、「育てて作る」楽しみへ——。

もちろん、不作の年もあれば豊作の年もある。それこそが、自然の恵み……。フランスに住んでから、村の皆さんのおかげで果物でも四季を鮮やかに感じるようになりました。

L'hiver

冬

【ヤドリギ】オーヴェルニュ (Auvergne)
【モミの木】リクヴィール (Riquewihr)
【クロッカス】ウソン (Usson)
【スノードロップ】私の村 (Mon Village)

フランスの田舎暮らしで最も厳しい冬の季節。村の中を歩いても誰にも会わない日々が続き、まるで人間も冬眠しているかのようです。

冬を迎えるにあたり、大切な支度が「薪(まき)仕事」。約２００年前に建てられたわが家の場合、リビングの中心にある暖炉で家中を暖めるため、ひと冬でかなりの量の薪を使います。薪が足りなくなっては一大事。常に2、3年分はストックしています。以前は村の山から自分たちで木を切り出していましたが、最近は知り合いが丸太ごと持ってきてくれるようになりました。夫がそれを少しずつカットしては庭で1年ほど乾燥させ、家の隣にある倉庫で

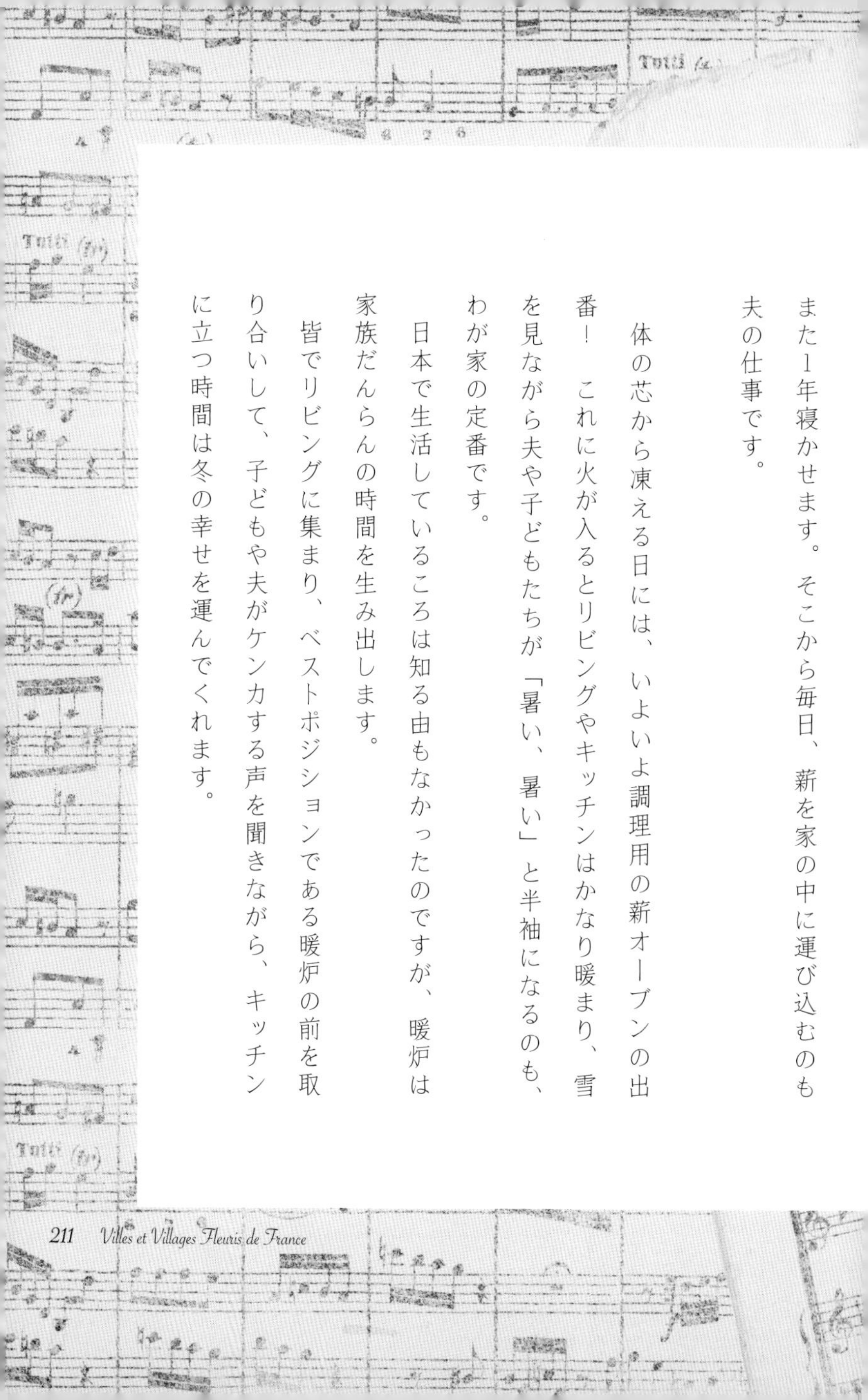

また1年寝かせます。そこから毎日、薪を家の中に運び込むのも夫の仕事です。

体の芯から凍える日には、いよいよ調理用の薪オーブンの出番！　これに火が入るとリビングやキッチンはかなり暖まり、雪を見ながら夫や子どもたちが「暑い、暑い」と半袖になるのも、わが家の定番です。

日本で生活しているころは知る由もなかったのですが、暖炉は家族だんらんの時間を生み出します。

皆でリビングに集まり、ベストポジションである暖炉の前を取り合いして、子どもや夫がケンカする声を聞きながら、キッチンに立つ時間は冬の幸せを運んでくれます。

L'hiver
No.27 Auvergne
ヤドリギ
神話にも登場する幸運の木
オーヴェルニュ
パリ
Paris
ストラスブール
Strasbourg
ナント
Nantes
ディジョン
Dijon
リヨン
Lyon
ボルドー
Bordeaux
トゥールーズ
Toulouse
マルセイユ
Marseille
ニース
Nice

「ねぇ、ねぇ、あの鳥の巣大きいよね」

「そんなに大きいのがある？」

「ほら、あれ。フランスって本当に大きな鳥の巣がいっぱいあるんだね〜」

感心したように言った瞬間、夫の口から出てきた言葉に私はびっくり。

「ああ、あれはヤドリギ（フランス語で gui）だよ」


ヤドリギ自体はもちろん知っていたのですが、こんなに大きくて丸い形をしているとは、想像もしていなかったのです。

フランスでよく見かけるのは、セイヨウヤドリギ。リンゴやポプラに好んで寄生します。乳白色のかわいらしい実は、手のひらの上でつぶしてみると中から驚くほど粘着力の強い粘液が出てきます。この実を冬に鳥たちが食べ、そのフンが木の上に落とされ樹皮に張りつくのです。

ひとたび発芽すると、まるで木の中から生まれたような姿を見せ始め、完全に元の木と一体に。それを目の当たりにすると、自然の力強さを感じずにはいられないのです。

ヨーロッパではクリスマスの季節、「ヤドリギの下にいる女性にはキスをしてもいい」という言い伝えがあるほど、ロマンチックなイメージがあるヤドリギ。

寒さに凍えた妖精たちが、冬でも美しい葉を絶やさないヤドリギの中に移り住むという逸話もあります。そこから、ヤドリギの枝を飾った家は妖精を招き入れる、すなわち「幸運を招き入れる」という意味もあるそうで、フランスでも好んで飾られます。

また、ヤドリギを「聖なる木」としたケルト神話では、たびたび「ドルイド」という言葉が出てきます。ケルトの言葉で「ドルイド（Daru-vid）」とは、Daruがオーク（樫の木）、vidが知識を表し、「オークの賢者」という意味を持ちます。

ドルイドたちがオークの木に寄生したヤドリギを「神から選ばれし木」として神聖化し、そのヤドリギには決して手で触れず、黄金の鎌で切り取ったといわれています。

ちなみに、オークにヤドリギが寄生することはとても珍しいことだそうで、このような伝説がヤドリギに神秘的なイメージをもたらしたのかもしれません。

北欧の神話でも、ヤドリギは「神々との約定を結ばなかったため魔力を持っている」とされ、不死身の神バルデルの唯一の弱点として彼を倒すことに使われるなど、重要な役割を担ったようです。

フランスでは新しい年を迎えるにあたり、丸い形のままのヤドリギを玄関の扉につり下げる風習もあったと聞きます。

私も冬にはこの古い言い伝えにならい、近くでとれるまん丸なヤドリギを玄関に飾りたいと思います。

もちろん、わが家の幸運のシンボルとして。

アルザスのマルシェ・ド・ノエル

フランスでは11月末になると、各地で「マルシェ・ド・ノエル（クリスマスマーケット）」が開かれます。その中でもいちばん有名なのは、フランス最古の歴史を持ち、地域全体で100以上のクリスマスマーケットが立つアルザス。フランスの北東部にありドイツに隣り合うこの地方は、さまざまな宗教や文化が入り混じり、独自の文化を育んできたといわれます。

クリスマスの時期は、伝統的なコロンバージュ（木骨造）の家並みにイルミネーションで彩られたクリスマスツリーが映え、まるでおとぎ話の世界に紛れ込んでしまったかのよう。大人でも思わずワクワクしてしまいます。

私がおすすめするのは、アルザスにあるコルマールのクリスマスマーケット。ほどよい規模で、夜も安心して屋台での食べ歩きなども楽しめます。その西にあるカイゼルスベルグは、中心部を川が流れる細長い街並みが特徴の小さな村。コルマールよりさらに小さいので、迷うことなく歩けます。

こうしたアルザスのクリスマスマーケットの魅力の一つに、各町や村がデザインしたカップを集める楽しみがあります。屋台で売られている飲み物は、ホットワインやホットリンゴジュースが定番で、エコロジーの精神から、カップをお店に返せば1ユーロ戻ってきます。同じカップでお代わりするもよし、記念に自宅に持ち帰ってもよし。私も行くたびに集めてしまいます。

アルザスといえば忘れてはならない花の村が、エギスハイム。1989年に「フランス花の町と村コンクール」でグランプリに輝き、2006年の「ヨーロッパ花の町と村コンクール」でも優勝。村の入り口に、その看板が掲げられています。冬場でも、村の中を散歩していると住人が花の手入れをしている姿を見かけます。「最も美しい村」の一つでもあるエギスハイムの景観は、こうした村に住む人々の努力によって守られていることを忘れてはいけません。

フランスを旅していると、古い家に建てられた年号が彫り込まれているのをよく見かけますが、ここエギスハイムにもたくさん残されています。

コルマール

私が見つけたのは、「ＩＨＳ」と書かれたイニシャル。これは「Jesus Hominum Salvator」の略で、イエス・キリストを表す碑銘です。厄除けや家庭円満を願って彫られたものですが、クリスマスの時期に見かけると、私にも幸運が訪れるような気がします。

私はこうしたマルシェ・ド・ノエルで、いつもその年のクリスマスを祝うために多くの食材を買って帰ります。家族の笑顔を思い描き、今年は何を作りましょうか。

エギスハイム

カイゼルスベルグのカップ

カイゼルスベルグ

L'hiver
No.28 Riquewihr
モミの木
アルザスの歴史が息づく村
リクヴィール
パリ
Paris
ストラスブール
Strasbourg
ナント
Nantes
ディジョン
Dijon
リヨン
Lyon
ボルドー
Bordeaux
トゥールーズ
Toulouse
ニース
Nice
マルセイユ
Marseille
Village Fleuri
最も美しい村
HÔTEL
RESTAURANT

クリスマスの時期にアルザスを訪れると、キラキラ輝くオーナメントで彩られたモミの木や、かわいいリースを目にします。とりわけ、リクヴィールの華やかさは必見です。青々としたモミの木とコロンバージュ（木骨造）のカラフルな壁は、冬でも花が咲いたように生き生きとして見えます。

リクヴィールには「アンシおじさん」として親しまれているアルザス生まれの有名な絵本作家、ジャン・ジャック・ヴァルツの美術館があり、アルザスの牧歌的な景色とかわいらしい子どもたちの絵は、今なお多くの人に愛されています。

デザイナーでもあり、作家、歴史家、漫画家でもあった彼の作品は、ドイツによるアルザス併合の歴史の影響を受けています。アルザスを憂い、フランスびいきの風刺画を描いたことでドイツからにらまれ、スイスに亡命したアンシ。彼の描いた愛らしい絵は、実はアルザスの歩んだ歴史的背景を垣間見ることができる貴重な資料でもあります。

この美術館では約１５０点のアンシの作品を展示。当時の雰囲気を伝える部屋も残されており、アトリエの机の上の絵の具が彼の生活をしのばせてくれます。

さて、美術館から外に出たら、まるで彼の挿絵から飛び出てきたようなアルザス衣装の美男美女を発見！
冬の村に華やいだ彩を添えてくれました。

RECEPTION
HÔTEL

わが家のクリスマス

カトリックを信仰する人たちが多いフランス人にとって、「ノエル（クリスマス）」は特別なもの。恋人や友人とにぎやかに過ごす日本とは異なり、家族と過ごす大切な一日です。

すでに結婚して家を出た上の娘も、この日はたくさんのプレゼントとともにお互いの実家に戻り、それぞれ家族だんらんの時間を大切にしています。もちろん、毎年交互にお互いの実家を訪れるカップルもいますが、その辺は人それぞれというのが、なんともフランスらしく感じます。

「一年のうちで、いちばん幸せな日！」

わが家の下の娘は、クリスマスが来ると必ずうれしそうにつぶやきます。彼女は、なんと6月ごろからクリスマスプレゼントの話を始め、12月に入ると、アドベントカレンダーの中に入っているチョコレートを食べながら、毎日クリスマスイヴのメニューを聞いてきます。

アドベントカレンダーは、すでに日本でもおなじみでしょうが、日付が書かれた24個の窓を毎日1つずつ開き、中に入っているチョコレートやボンボンを食べられるもの。学校から帰ってきた娘は、一目散にこのカレンダーの前に行くのです。


日本に比べ、娯楽の少ないフランスの田舎の子どもたち。子どもたちが遊べるようなお店に気軽に行けないため、友達と遊びたいときは、親に頼んで車で送ってもらうしかありません。だからこそ、この日を心待ちにする気持ちはよくわかります。私の実家から毎年送られてくるクリスマスプレゼントが届くと、箱を開けたくて仕方がないらしく、ずっと私にべったり。

そんな娘たちを喜ばすため、毎年張りきって部屋の飾りつけをするのですが、部屋が飾られた途端、現代っ子らしく写真をたくさん撮ってフェイスブックにアップしています。

さて、クリスマスにおける日本とフランスの大きな違いの一つは、本物のモ

NOEL

ミの木を飾ること。新年が明けてもしばらく、部屋の中に飾ったままにしておくのも、こちらの特徴です。

わが家では1月15日ごろ、モミの木を小さく切って暖炉で燃やします。この一連の流れが終わると、ようやく新しい年が訪れた気分になるのです。

モミの木の大きさは何種類もあるので、テーブルの上に置くくらいの小さなものを……と、毎年思うのですが、娘たちは「大人は全然、子どもの気持ちがわかってない！」と文句ばかり。クリスマスの朝、めったにできない早起きをして、大きなモミの木の下に置かれたあふれんばかりのプレゼントを見るのが、最高の幸せなのだそうです。

各家庭によって違うと思いますが、わが家は24日の朝になるとモミの木の下にプレゼントを並べ始めます。できるだけたくさんのプレゼントになるよう、1個ずつ包んだり、大きな箱に入れてみたり。

最初のころは日本式にきれいにラッピングしていた私も、プレゼントを開けるとき大人も子どももビリビリに破いてしまうのを見て、すっかりフランス式の適当なラッピングをするようになりました。

夫は、ギリギリまで小さなチョコを買ったり、靴下を1足ずつ包んだりと、いたずらに余念がありません。ちなみに、結婚して最初の年に夫が私にプレゼントしてくれたものは、電子ピアノでした。あのときは、目隠しをされて倉庫の中に連れていかれたのですが、子どもたちまでワクワクしていたことを今でも思い出します。

翌年は、私から下の娘へサプライズ。金色のクマのチョコレートの首にかけた鍵が、彼女へのプレゼント。単なるチョコレートのプレゼントだと思って初めは微妙な顔をしていたのですが、実はかわいいライティングビューローのカギだとわかって大喜び。結局、その中に飾られたのは勉強道具ではなく、化粧品や香水ばかりなんですけどね。

こんなふうにノエルのプレゼントをとことん楽しむのが、わが家流です。

昨年は、イヴを2人で楽しんでいた上の娘夫婦から、25日にランチの招待を受け、彼らもすっかりいい大人になったのだな、と感慨にふけりました。

家族の形態は少しずつ変わっていくのでしょうが、こうやっていつまでも変わらず、みんなで集まれることはいちばんの幸せですね。

L'hiver
No.29 Usson
クロッカス
冬の大地が目覚めるとき
ウソン
パリ
Paris
ストラスブール
Strasbourg
ナント
Nantes
ディジョン
Dijon
リヨン
Lyon
ボルドー
Bordeaux
トゥールーズ
Toulouse
マルセイユ
Marseille
ニース
Nice
最も美しい村

息が凍ってしまいそうに寒い朝、いつものようにカフェオレを飲みながら朝焼けを楽しもうと、白いリネンのカーテンをそっと開けてみると……あたりは一面の雪景色！　この風景を見るのが冬の朝の小さな楽しみだったりします。

フランスの冬の朝は、ちょっと遅め。午前8時半ごろにようやく日がのぼり始めるので、「朝だというのにまだ暗い」という感覚は、日本人の私にとってなかなか慣れるものではありませんでした。

空が明るくなり始めると、「コツコツ、コツコツ」と窓をたたく音が聞こえてきます。冬の訪問者、ヨーロッパコマドリです。フランスの田舎では冬の間、野鳥たちにエサをあげるのが一般的。もちろん、わが家にも多くの小鳥たちがやってきます。朝になると待ちきれずに窓ガラスをたたき、「おなかすいた～」と言わんばかり。偉そうな顔をしてエサをねだります。

それがなんともかわいくて毎朝の楽しみになっていますが、毎年、同じ小

鳥たちがやってくるので、なんとなく顔の判別もつくようになりました。

シジュウカラは集団で現れ、仲よく譲り合って食べているのかと思いきや、いつの間にかにぎやかにケンカし始めます。そのほほえましい様子は気に入らないエサを飛ばして窓を汚されることも忘れさせるほど愛らしいのです。


雪深い時期は、どうしても運動不足になりがちな私たち。そのため、いつからか週に1回程度、夫婦でトレッキングするようになりました。

真っ白な雪が降り積もった後の青い空は、とにかく澄みきっていて心が洗われるようです。雪の上をわざとザクザク音を立てながら歩いていると、まるで綿菓子のように枝を飾る雪の花に出合うことがあります。


やがて雪が解け始めると、オーヴェルニュの大地は、ゆっくり、ゆっくり、緑色に蘇ります。

「わぁ～！　きれい!!」

友人たちとやってきたのは、オーヴェルニュのピュイ・ド・ドーム県にある「最も美しい村」の一つ、ウソンの展望台。ここからの眺めは、まさしく私の愛する美しいフランスの田舎の風景そのものです。太陽に照らされた美しい緑のじゅうたんは息をのむようなすがすがしさ。その真ん中に立っていると、春が来たのだと実感します。

火山が噴火した後に流れた溶岩流の跡が、美しい柱上の玄武岩群として残っているウソンの村。この岩を切り出して家の壁に使ったため、黒い家が多いのが特徴です。

300人にも満たない小さな村だというのに、アンリ4世の最初の妻である王妃マルゴが住んでいたことで、彼女ゆかりの噴水の跡地があります。

ふと眺めると、春がひょっこり顔を出していました。色彩の少なかった冬の終わりを告げる鮮やかなクロッカスです。

春はもうそこまでやってきています。

L'hiver
No.30 Mon Village
スノードロップ
力強く春の到来を告げる花
私の村
パリ
Paris
ストラスブール
Strasbourg
ナント
Nantes
ディジョン
Dijon
リヨン
Lyon
ボルドー
Bordeaux
トゥールーズ
Toulouse
ニース
Nice
マルセイユ
Marseille

オーヴェルニュのわが村に流れる美しい川のあたりには、2月に入るとスノードロップの群生が咲き始めます。

フランス語では、「ペルス・ネージュ（Perce-neige）」。なぜそのように呼ばれるかは、自然の中に答えがありました。

「perce」とは、工具のキリのように穴を開ける道具や管楽器の穴を意味し、「neige」は雪。咲き始めの可憐（かれん）な姿を見ていると想像もつきませんが、スノードロップは冬の間に積もった雪だけでなく、枯れ葉をも突き破り、あたりに春を告げる力強い花。この花が咲き始めると、「春が始まる」という自然からのサインであり、庭仕事に精を出し始める時期の到来を告げる花でもあります。

「今年も、川岸が白くなってきたよ」

冬の眠りから美しいオーヴェルニュの大地が目覚めるのも、もうすぐ。また、オーヴェルニュの男たちがソワソワと落ち着かない季節が始まります。

フランスの田舎も何度となく戦禍や天災にあい、そのたびに豊かな緑を焼失しています。それでもまた、植物は人知れず芽吹き始め、気がつけばまた希望とともに美しい緑が蘇ります。ただただ広い空と緑豊かな肥沃の大地の恵みに感謝しながら、人々はまた種をまき、野菜や果物を作り始めます。

こうして蘇る自然の美しさに惹かれ、私は今日もまた美しい田舎の村を旅し続けるのです。

Courrier

～Le potager～
冬のオーヴェルニュより

年が明けると、月暦を見ながら少しずつ畑作りのための準備を始めます。
大切なのは春に植える苗を作ること。そのために欠かせないのが、種をまくための「ポット」を作る道具です。新聞やいらない紙を丸めて小さな簡易ポットを作ったら、そこに1つずつ種をまき、毎年4、5種類ほどのトマトの苗を育てていきます。

冬の畑の奥のほうに青々と見えるのは、ホウレンソウやハクサイです。ホウレンソウは冬の間ものすごい量の収穫ができるため、私はひたすら保存食作り。キッチンの洗い桶では事足りず、お風呂の浴槽の中で土を落とします。

洗ったホウレンソウはひたすら湯がき、丸いほうれん草団子を量産していきます。少し硬めに湯がくのがポイント。この団子を大きな袋の中にたくさん入れて冷凍し、常備野菜としてお味噌汁やキッシュ、パスタなどに活躍させています。

どんなに大変でも、冬野菜はやはりありがたいもの。今年はいつまで自家製のホウレンソウがもつのか楽しみです。

やがて、少し暖かくなり始めた冬の終わり、近くの農家から素晴らしいプレゼントが届きます。畑の入り口にある日、ドーンと大量の牛フンの堆肥が置かれていくのです。
これが届くと、わが家は大忙し！

一家総動員でこの堆肥を畑に少しずつばらまき、土を耕さなくてはなりません。いつもは絶対に手伝わない下の娘ですが、パパからちょっと怒られることをやらかした年は、文句を言いながら渋々お手伝いしていました。

この堆肥はとても重くて、けっこうな重労働。もちろん、私の庭にも持ち帰り、花に与えていきます。バラには基本的に馬フンをあげていますが、その年によっていろいろ変えています。

こうして土の準備ができると、いよいよ春を待つばかり。

さて、今年はなんの野菜を作りましょうか。

エピローグ

「もっと写真を撮ったら？」

結婚したばかりのころ、仕事も兼ね、何度も訪れた小さな村のブロカント（蚤(のみ)の市）で、夫が話しかけてきました。そこは、この本の初めに紹介した菜の花の村、シャルロー。アンティークに夢中だった私の目に飛び込んできた黄色の海は、私の心の琴線に触れました。

私がフランスに住むと決める少し前、父のがんが発覚。もう先が長くないことを感じ取った私は、結婚して父を安心させようと心に決め、日本とフランスを行き来するようになりました。

仕事人間だった父が退職し、やっと見つけた趣味の一つが絵を描くこと。その絵の中に、ほんの少しでも「生きる」希望となるような美しいフラン

スの景色を描いてほしい。夫の言葉もあり、私は父に見てほしい風景を撮るようになりました。

「いつか、フランスに行けたらいいな……」

父の夢は結局、かなえてあげることはできませんでしたが、代わりに母が父の写真とともにフランスを訪れ、一緒に南仏旅行を楽しみました。

多くの村を訪れるたび、日本に住んでいたころには知り得なかった愛らしい村の表情に感激する日々。フランスの魅力は、私の住むような小さな村で見られる花で彩られた古い家、大地に育まれる農作物に彩られた豊かな恵み、朝一番に見られる美しい朝焼けと鳥たちのさえずり……そんなシンプルな暮らしの中にあるのではないかと感じるようになりました。

この感動を多くの方に見てもらいたい――。その思いから始めた私のブログに、亡き父と同じ病の方、介護などさまざまな事情で旅行できない人たちからのメッセージがだんだん増えてきました。この本は、そんな多くの温かな声を届けてくれる皆さん、そしてこれからフランスの小さな村を訪れたいと考える皆さんにお届けしたいと思います。

最後に、いつも応援してくれる私のブログやメルマガの読者の皆さん、かわいい小鳥のイラストをプレゼントしてくれた透明水彩画家のあべまりえさん、遠く離れた日本とフランスでともに本作りをした「かもめの本棚」の白田敦子さんに、心から「ありがとう」の言葉を送りたいと思います。もちろん、日本とフランス、そして天国の家族にも愛を込めて。

木蓮（PLANCH Miyuki）

木蓮（MOKUREN）

神戸出身。フランスの「おへそ」にあたるオーヴェルニュの、人口200人に満たない小さな村に在住する日本人女性。フランス人の夫との結婚を機に渡仏。いきなり2人のフランス人娘の母親になり悪戦苦闘だったが、生来の自由気ままな性格と、さまざまな地域に接しているオーヴェルニュの地の利を生かし、名もなき小さな村を訪ねる旅にどっぷりはまる。「パリだけではないフランスの美しさを伝えたい」と、「フランスの小さな村宣伝大使」を自負。折々に訪ねた花にあふれる村々の魅力を伝えるブログは、みずみずしい写真と住んでいる人間ならではの視点で人気を呼んでいる。

公式ブログ「フランス 小さな村を旅してみよう！」
https://ameblo.jp/petit-village-france/

WEB サイト「フランス 小さな村を旅してみよう！」
http://petit-village-de-france.com/

※写真はすべて著者提供

この本は、WEBマガジン『かもめの本棚』に連載した「フランス 花の村をめぐる旅」「フランスの花の村を訪ねる」を加筆してまとめたものです。